Thierry Le Luron

Nous nous reverrons un jour ou l'autre

C'est leur pertinence qu'on reproche aux impertinents.

CLAUDE FRISONI

Alain-Guy Aknin
Stéphane Loisy

Thierry Le Luron

Nous nous reverrons un jour ou l'autre

Préface
Jean-Jacques Debout

Éditions Didier CARPENTIER

PRÉFACE

JEAN-JACQUES DEBOUT

© Xavier Rossi/Gama.

C'ÉTAIT L'INIMITABLE ENFANT TERRIBLE DU MONDE DU SPECTACLE, remarqué pour la première fois à la télévision, un dimanche après-midi de janvier 1970, en chantant le *Grand air de la calomnie*. Présenté par Roger Lanzac, il y trace déjà, d'une voix de chanteur d'exception malgré son jeune âge, une route enchantée qui le mènera plus tard à enregistrer un 33-tours réunissant les plus célèbres succès d'opérettes, que toute la France s'arrachera.

L'enfant prodige est né et devient en quelques semaines la coqueluche du Tout-Paris, du Don Camilo à Bobino, propulsé avec sa parodie de Jacques Chaban-Delmas parmi les nouveaux grands comiques du music-hall, alors qu'il donne l'impression de faire tout cela en s'amusant. Son côté juvénile, frondeur et surdoué agace certaines vedettes consacrées, mais il comble de joie le public, qui ne se lasse pas de lui faire un triomphe.

Tout va très vite pour Thierry, habile à saisir toutes les situations et à les transformer avec un humour désopilant, toujours insolent et souvent insolite. Inimitable imitateur, sa popularité ne cesse de s'amplifier, à tel point qu'il jouera à guichets fermés au Palais des Congrès de Paris, un mois durant, la somptueuse revue *Thierry Féerie*, démontrant des talents de chanteur à part entière, de comédien émérite, de danseur irrésistible et de pasticheur aux improvisations d'exception. Le petit Le Luron, alors, montrera qu'il est devenu un authentique showman.

Hors de la scène, il aime la vie, veut la faire danser dans tous les sens, et si on le croit mondain, c'est en réalité sa façon de se rassurer. Il aime les vastes appartements, les grosses limousines, et aussi les jolies montres – il en achète une nouvelle tous les jours. Il adore en outre offrir des cadeaux à ses amis, et non des moindres, organise des repas chez lui où il invite et mélange des personnalités entièrement différentes.

Incapable de tenir en place, il se rend d'un endroit à un autre avec une aisance incroyablement chaleureuse. Il aime la nuit et se tient au courant de tout ce qui se dit, accumulant sans cesse les sources d'inspirations de futurs sketchs. Durant ses incessantes tournées, sa voiture est un véritable studio d'enregistrement.

Boulimique de travail, il produit et anime également des émissions de radio et de télévision, Gilbert et Maritie Carpentier lui confiant régulièrement des *Numéro 1*, où il a souvent comme partenaire Chantal Goya. Chaque fois, c'est un fastueux feu d'artifice, qui va durer jusqu'à l'année de ses trente-trois ans.

Moi qui ai collaboré avec lui durant toute sa vie d'artiste, je reste inconsolable d'avoir vu partir, comme tous ceux qui l'ont aimé un jour, ce petit prince et ami, irremplaçable présence au sourire candide et plein d'étoiles filant à 200 à l'heure, qu'il a voulu partager avec nous jusqu'au bout de sa vie.

Cet ouvrage retrace le véritable parcours de ce jeune génie, nous le faisant redécouvrir, le faisant revivre, et permettant de constater qu'il n'a pas fini de nous étonner.

AVANT-PROPOS

ALAIN-GUY AKNIN

DES CONCOURS D'AMATEURS AUX PLUS PRESTIGIEUSES SCÈNES DE FRANCE, *il ne lui aura fallu que trois années d'un parcours expéditif et éblouissant au cours duquel, donnant toujours l'impression de s'amuser en travaillant, il a pourfendu dans un sourire les personnalités de son époque. Observateur impitoyable de la vie politique et médiatique, mais aussi du monde artistique dont il faisait lui-même partie, devenu le premier imitateur vedette de l'histoire du spectacle, il a piétiné sans réserve les plates-bandes et bousculé les tabous. Implacable railleur de la comédie humaine capable de lancer les pires rosseries sans susciter d'autre réaction que l'hilarité, ce Gavroche aux fossettes enfantines, petit par la taille, mais immense par le talent, s'est imposé en un rien de temps comme le plus redoutable des satiristes.*

Gratifié d'un brio hors normes et d'une ironie rare, habile à échauffer comme personne le besoin si typiquement français de persifler et se moquer, Thierry Le Luron a cultivé avec application l'art de rejeter toute limite, considérant que dans l'humour il n'y a rien à respecter. Plus que reproduire les voix de ceux qu'il choisissait comme victimes, il savait en grossir le trait jusqu'à une irrésistible exagération tout en caricaturant leurs tics et leurs caractéristiques physiques pour obtenir les éclats de rire dont il faisait son menu quotidien.

Par sa touche inimitable, ses airs gouailleurs et ses excès, le petit Thierry a familiarisé le public avec un spectacle comique différent et ouvert la porte à d'autres, qui, après lui, ont osé eux aussi aller trop loin.

Porte-parole d'une France rouspéteuse qui se veut sans cesse « contre tout ce qui est pour et pour tout ce qui est contre », comme disait si bien Pierre Dac, traducteur débridé des sentiments de millions de Français à l'égard de leurs présidents, ministres, députés et fonctionnaires en tous genres, il a, jamais dégonflé ni poltron, étrillé avec bonheur les uns et les autres.

Dans sa galerie de portraits immodérés et railleurs, il a ainsi aligné les plus célèbres, des chefs d'État aux stars de la chanson, mais également ses concitoyens, dont il mettait en exergue les travers et lâchetés à travers Adolf Benito Glandu, Français moyen défini comme « pétainiste sous Vichy, gaulliste sous le général et socialiste du 10 au 11 mai 1981 »…

Impitoyable témoin de la société et de ses tics, ce dandy impertinent, à la fois épris de faste et proche du populaire, a démontré à tout instant un éclectisme où, toujours féroce, il n'était presque jamais méchant. Vivant dans un luxe effréné, raffiné comme un prince, prodigue comme un Oriental, parfois ostentatoire, il passait ses journées et brûlait ses nuits entouré comme seuls peuvent l'être ceux dont l'argent est fait pour être dépensé, traversant l'existence dans un bain de magnificence. Mais dans l'ombre du lutin facétieux se cachait un jeune homme impatient, solitaire et tourmenté par des démons intérieurs qui le poussaient à des excès néfastes et malmenaient sa nature contrariée, puis, esquinté par une sale maladie, il a quitté la scène en pleine gloire, gamin qui avait refusé de grandir et mort presque à peine sorti de l'enfance.

Disparu trop tôt, Thierry Le Luron, pourtant, bénéficie d'un rare privilège, celui de garder toute sa place dans les mémoires et de continuer, par la magie des médias, à faire rire à perpétuité, comme si, depuis son au-delà, il tirait encore les ficelles de quelques célèbres pantins.

AVANT-PROPOS

STÉPHANE LOISY

THIERRY LE LURON AURA DÉBUTÉ SA CARRIÈRE ET RENCONTRÉ SES PREMIERS SUCCÈS *au tout début des années 1970, et quitté la scène à la fin des années 80. Deux décennies durant, il aura sans nul doute été l'un des personnages les plus populaires et les plus aimés des Français. Initialement et « historiquement », il appartient à la famille des imitateurs. Renonçant très tôt à une vocation de chanteur lyrique, il aura vite défini les lignes d'un destin qui sera, à plus d'un titre, exceptionnel.*

Il m'a toujours paru étrange d'adopter l'étiquette de « comique » comme qualificatif d'un gagne-pain qui, souvent, se limite à la répétition de sketches devenant finalement assez rébarbatifs. La quasi-totalité des amuseurs actuels semble avoir un plan de carrière déterminé et utiliser les mêmes mécanismes en vue de provoquer l'hilarité d'un public le plus large possible. Obéissant à un schéma identique, les imitateurs d'aujourd'hui ne revendiquent rien de plus qu'une insolence assez normée et, en définitive, plutôt convenue.

Chez Thierry Le Luron, en revanche, on distingue un dandysme qui ne peut qu'intriguer et l'éloigne de l'ensemble. Amoureux des belles voitures, éternellement jeune, impeccablement habillé, affichant un sourire immuable et une réussite incontestée, il peut faire penser au personnage de Swan dans Phantom of the Paradise*, le chef-d'œuvre de Brian de Palma.*

Son visage de Dorian Gray de « la première chaîne française », selon l'expression consacrée du moment, se mariait assez merveilleusement avec une effronterie rare pour l'époque, qu'un inaltérable physique de post-adolescent atténuait en permanence. Un tel paradoxe ne peut que témoigner d'une personnalité plus complexe qu'elle ne pourrait y paraître à première vue.

Dans la France de la fin des années 70, Le Luron représentera rapidement l'archétype du « comique de droite » laissant à son alter ego et futur « époux » cathodique Coluche la cocarde de comique « de gauche ». Ces modèles peuvent, de nos jours, prêter à la moquerie, mais les deux larrons se partageront les faveurs du public jusqu'à leurs morts respectives. À titre d'outsiders, les incontournables Guy Bedos et Pierre Desproges symboliseront par la suite la même dualité entre une France protestataire « de gauche », celle de Guy Bedos, et une France insolente et vive que Desproges incarne et incarnera par-delà sa disparition.

Coluche abandonnera petit à petit l'étiquette du « comique », souvent considéré comme vulgaire, par le biais de quelques triomphes cinématographiques et son investissement au sein des Restaurants du Cœur. Desproges, quant à lui, aura, après sa mort, la reconnaissance largement méritée d'un homme de lettres et d'un esprit fin et politiquement incorrect.

Le Luron pourrait lui aussi prétendre à un tel statut, resté, depuis son décès prématuré, un amuseur populaire auquel le monde intellectuel accorderait la qualification de libre penseur. Régulièrement rediffusés, ses sketches apportent, année après année, la preuve de son influence d'élégant contestataire.

De fait, il a été bien plus subversif que d'autres, par exemple en interprétant peu après l'élection de François Mitterrand une parodie assez détonante d'une chanson phare de Gilbert Bécaud sur une chaîne publique, « L'emmerdant, c'est la rose », qui ne fit pas spécialement rire les hauts responsables de la télévision. L'époque étant moins permissive, l'insolence n'en était que plus estimable, alors qu'elle est désormais un fonds de commerce, voire un passage obligé et un exercice de style imposé qui, du coup, ne surprend plus ni ne dérange personne.

Ses caricatures de la speakerine Denise Fabre, son portrait d'Adolf Benito Glandu, concierge politiquement opportuniste de la rue de Bièvre, pourraient être un parfait résumé de quelques destins français. Le média de l'imitation, et non de la copie au sens strict et technique du terme, a valu à Le Luron d'être considéré comme une référence. L'audace dont il a fait usage atteste d'un esprit critique aiguisé et d'une vision de la société assez cruelle et implacable, et même l'épreuve du temps ne rend pas ses sketches désuets.

Et puis il y a « Nous nous reverrons un jour ou l'autre », l'une des manifestations les plus emblématiques de son existence, un élégant paradoxe : paraître futile, mais être capable de bouleverser sans renoncer à une apparente légèreté. Brouiller les cartes et gagner la partie, en quelque sorte, sur le terrain de l'émotion en signant un standard pour l'éternité dont il sera, cette fois, l'interprète. Cette chanson écrite spécialement pour lui par Jacques Plante et Charles Aznavour – peu rancunier dans la mesure où Le Luron n'a eu de cesse de le brocarder pendant plus d'une décennie – reste un témoignage assez parfait de ses ambivalences. Avec ce superbe texte plaqué sur une poignante mélodie, Le Luron laisse une empreinte intemporelle chantée d'une impeccable voix de crooner adolescent : la sienne, la vraie, celle d'un dandy insolent qui a quitté prématurément ce monde dans sa trente-quatrième année.

CHAPITRE 1

LES TROTTOIRS DU 13e

Il fait un temps bizarre, en cette année 1952 où la France, sortie de la guerre depuis près de sept ans, n'est encore ni tout à fait remise du conflit mondial, ni vraiment toujours blessée. Il a neigé sur presque tout le pays en janvier, il a gelé dans de nombreuses régions, puis le Sud-Ouest a subi de terribles inondations, tandis qu'en mars Paris grelottait avec des températures voisines de zéro. Le 1er avril, on se croirait en hiver malgré l'approche du printemps et, sous un ciel triste et gris, Huguette Le Luron, par la fenêtre de son appartement du 9 de l'avenue d'Italie, dans le 13e arrondissement de Paris, regarde tomber l'obscurité d'une nuit qui s'installe déjà. Savourant le calme de ce quartier aux allures de village, avec ses trottoirs couverts d'arbres décimés par le froid, elle observe une circulation automobile clairsemée qu'elle juge impossible, n'imaginant pas qu'avec les décennies l'afflux des voitures deviendra insupportable. Enceinte de son troisième enfant, après Martine, âgée de 6 ans, et Renaud, qui a 24 mois, elle est un peu lasse, dans ces derniers temps de sa grossesse, et elle aspire au repos. La détente qu'elle s'accorde, en cette fin de journée, sera de courte durée, car, très vite, l'évidence s'impose : l'accouchement est imminent.

Habituée à s'organiser seule, car Francis, son mari, navigateur au long cours dans la marine marchande, est souvent absent, Huguette a déjà tout prévu, pour cette nouvelle naissance. Bien que handicapée par un ventre distendu, elle a préparé une valise contenant l'indispensable pour elle et des vêtements pour le futur bébé, dont elle ignore si ce sera un garçon ou une fille. On ne pratique pas encore l'échographie, à cette époque, et la venue au monde d'un enfant est toujours une surprise pour les parents. Elle a aussi pris soin de faire venir de la famille pour s'occuper de Martine et Renaud; tout est donc en ordre et elle peut se laisser tranquillement transporter non loin de chez elle dans une clinique du boulevard Arago. Le lendemain, à 4 h 45 du matin, elle y donne le jour à un petit garçon prénommé Thierry Jean Gilles qui, à quelques heures près, aurait pu arriver le jour des mauvaises blagues et du poisson d'avril… La coïncidence aurait été jolie, pour celui appelé à être l'amuseur préféré des Français mais, même si la nature en a décidé différemment, le symbole n'en est pas moins présent. Comme il se doit, la sage-femme assure à la maman que ce bébé est le plus beau qu'elle ait jamais vu, et, cela va sans dire, Huguette s'en convainc facilement, comme toute mère.

Dans ce 13e arrondissement qui n'est pas encore devenu largement asiatique, Thierry naît sous le signe chinois du Dragon, dont l'astrologie nous dit qu'il est actif, volontaire, entreprenant, versatile, scrupuleux et chanceux, toutes choses que l'on vérifiera par la suite. C'est l'époque où la publicité prend véritablement son envol, et l'on peut voir sur les murs s'afficher les apéritifs Byrrh ou « Dubo-Dubon-Dubonnet », les automobiles Hotchkiss et la lingerie Christian Dior. Dans les magazines, Banania s'affirme comme « un petit déjeuner et un goûter indispensable aux enfants et utile à tous », choisi par la femme « en bonne ménagère, économe et soucieuse de tous ses petits et grands gourmands ». Frigidaire se vante d'être le réfrigérateur de demain, Porsche la voiture…

de demain, et la Dentellastex Tiburce Lebas lance un cri d'alarme : « Attention, il y a encore des fabricants de gaines qui n'utilisent pas nos dentelles élastiques ! » Un peu indifférente à tout cela, Huguette se concentre sur la responsabilité d'élever presque seule trois petits dont la sérénité n'est pas forcément la qualité première.

Peut-être, en écoutant la radio, s'offusque-t-elle, comme un certain nombre de Français, des paroles du « Gorille » que Georges Brassens, la nouvelle découverte de Patachou et Jacques Canetti, vient d'enregistrer chez Polydor, sous-marque de Philips dont certains collaborateurs ont refusé que la chanson apparaisse sous leur label. Elle préfère les autres succès du moment, plus gentiment mélodiques et aux textes souvent doucereux, comme « L'amour est un bouquet de violettes », modulé avec conviction par Luis Mariano dans le film *Violettes impériales* : « L'amour est plus doux que ces fleurettes / Quand le bonheur en passant vous fait signe et s'arrête / Il faut lui prendre la main / Sans attendre à demain. » Tout cela est délicieusement romantique…

Elle aime bien également la belle voix grave d'Yves Montand dans « Toi tu n' ressembles à personne », ou le côté pétillant de « Ma p'tite folie », qu'interprète Line Renaud, dont elle ne se doute pas qu'un jour son fils la prendra pour cible avec délectation, tandis qu'ils deviendront en même temps les meilleurs amis du monde. Sur les ondes, les genres se mélangent et, tout en raccommodant du linge ou reprisant des chaussettes, sans doute s'amuse-t-elle à fredonner « Tire l'aiguille » en même temps qu'André Claveau, ou « Si toi aussi tu m'abandonnes », l'adaptation française de la chanson générique du *Train sifflera trois fois,* le formidable western où, à côté de Gary Cooper, éclate la séduction de Grace Kelly. Dans un registre tout autant mélancolique, Mouloudji chante « Comme un p'tit coquelicot » avec une lancinante austérité, pendant que Charles Trenet, lui, a déserté la France, préférant parcourir le continent américain, mais une jeune débutante nommée Annie Cordy compense cette absence par un répertoire enjoué.

Thierry, de son côté, découvre un frère aîné et une grande sœur dont il apprendra plus tard qu'elle est en fait une demi-sœur, ce qui le plongera dans d'intenses méditations. Longtemps, il réfléchira à cette bizarrerie, finissant par comprendre qu'il ne s'agit pas d'une moitié de sœur et assimiler le fait qu'elle ait, seconde étrangeté, un autre papa en plus du sien... Brassens est de plus en plus présent sur les ondes et les scènes avec ses « Amoureux des bancs publics », et Line Renaud continue à adapter avec succès des hits américains, s'émerveillant maintenant sur « Le chien dans la vitrine », tandis que de nouveaux venus, dont les disques se vendent en impressionnantes quantités, font aussi leur apparition. La France s'enthousiasme ainsi pour Gilbert Bécaud et Eddie Constantine, étonnant Américain qui interprète avec un délicieux accent « Et bâiller et dormir ». Les Frères Jacques chantonnent qu'il a beaucoup plu à la Saint-Médard, Édith Piaf amplifie la théâtralisation de son répertoire avec « Les croix » et Yves Montand se fait interdire d'antenne pour « Quand un soldat », la chanson jugée antimilitariste que lui a écrite Francis Lemarque en pleine guerre d'Indochine.

Malgré le conflit qui se poursuit en Asie, où l'armée populaire vietnamienne pose aux troupes françaises des problèmes sans cesse plus aigus, la vie s'écoule, paisible, marquée de rites immuables tels que la messe du dimanche et les déjeuners en famille. Il y a aussi les traditionnelles vacances d'été, qui se tiennent invariablement à Cancale, dans la ferme des amis Cadiou, « pas une expérimentale pour Parisiens, écologistes fatigués de Saint-Tropez et à qui ce retour à la terre a été recommandé par leur psychiatre habituel, mais une vraie ferme, avec des volées de poules s'éparpillant sur la terre battue, un chien râleur et tendre et une bonne odeur de foin coupé. »[1] Le père Cadiou, Papadiou, comme l'appellera bientôt Thierry, a été terre-neuvas, commandant d'un de ces voiliers qui, partis de Fécamp, s'en allaient pêcher la morue au large de Terre-Neuve, sur la côte atlantique canadienne. Les chantiers de La Houle, alors, construisaient goélettes et bisquines, que des matelots audacieux emmenaient sur les flots jusqu'au jour où, ces bateaux ayant été remplacés par des bâtiments modernes, les Cancalais se sont repliés sur des activités côtières, notamment la culture d'huîtres à la saveur incomparable.

Papadiou, lui, a préféré se retirer sur ses terres, pour le plus grand bonheur de Thierry, fasciné par ce personnage qui, casquette de marin vissée sur la tête du matin au soir, veille aux travaux des champs et à la nourriture des volailles comme il dirigeait autrefois son rafiot. Le gamin n'a pratiquement pas connu son grand-père maternel, l'homme de mer n'a pas de petit-fils, et une complicité se noue rapidement entre eux. Tandis qu'ils lancent ensemble du grain aux poules ou se baladent dans les terres, l'aîné raconte de fabuleuses histoires de tempêtes ou de baleines, donnant à l'imaginaire enfantin de quoi se créer les plus merveilleux des rêves.

Parfois, ils s'en vont faire quelques achats à la droguerie de la place de l'Église ou au magasin de radio-électricité de la rue du Port, avec halte obligatoire au café *Nicolas,* et surtout à la confiserie Mingant ou la pâtisserie Quervarrec, en admirant au passage les clichés exposés dans la vitrine du photographe Besnier. S'il passe avec ce papy d'adoption des heures d'intense affinité, Thierry manifeste à l'égard des autres adultes une timidité quasi maladive, peut-être accentuée par sa très courte taille. Lorsqu'un invité se présente dans l'appartement familial, il se cache, préférant généralement jouer seul avec ses modèles réduits de voitures ou dessiner un château, dont il affirme à sa mère qu'il le lui offrira plus tard. Les châteaux, il en visite des vrais avec ses parents, trouvant

1. Thierry Le Luron et Guy Monréal, *Comme trois pommes,* Flammarion, 1978.

ces explorations bien ennuyeuses, exception faite pour celui de Versailles, dont il considère que cela ferait une habitation tout à fait à sa mesure !

Plus grave que jamais, pendant ce temps, Mouloudji susurre « Un jour tu verras », tandis que Charles Aznavour, devenu vedette, larmoie de son côté « Viens au creux de mon épaule » et que Yves Montand continue son ascension avec les bijoux façonnés par Francis Lemarque, qui lui-même connaît un certain succès avec « Le petit cordonnier ». Lemarque est un cas particulier, dans le monde du spectacle. Authentique Parisien né rue de Lappe et mis au travail en usine dès l'âge de 12 ans, il s'est longtemps consacré à jouer aux cartes ou au billard et à courir les filles avant de s'intégrer au groupe Mars, où il avait fait la rencontre de Jacques Prévert, Aragon et Paul Vaillant-Couturier. Touché par la fibre artistique, il avait créé avec son frère le duo des Frères Marc, la chanson n'étant pour lui qu'un agréable passe-temps d'amateur, jusqu'au jour où, entré par hasard dans une salle où chantait Yves Montand, il en était ressorti pris d'une sorte de révélation, d'une foudroyante inspiration. Retourné chez lui, restant enfermé une quinzaine de jours, il s'était mis à écrire des chansons qu'il était allé présenter à Jacques Prévert, dans sa chambre d'hôtel de la rue de Seine : « Qu'elle était verte ma vallée », « À Paris », « Bal, petit bal », « Matilda » et quelques autres, lui qui, auparavant, n'avait jamais couché sur le papier la moindre note de musique ni la moindre parole.

« Tout cela me plaît bien, lui avait dit Prévert, mais j'aimerais avoir l'avis d'une personne plus compétente que moi », et il avait alors téléphoné à Yves Montand, avec lequel il était précisément en train de tourner *Les portes de la nuit*. Pour Francis Lemarque, c'était un signe du destin, puisqu'il n'avait jamais cité le nom de son inspirateur. Une amitié et une collaboration appelées à durer de longues années venaient de naître.

Thierry ne peut évidemment saisir les finesses de tout cela, pas plus qu'il ne comprend les textes du trépidant «Quand tu danses» de Gilbert Bécaud, l'humour macabre du «Noyé assassiné» de Philippe Clay ou l'humour libertaire de Georges Brassens dans «La mauvaise réputation». Lui, il aime bien les mélodies, qui chatouillent agréablement son oreille de poupon, mais il grandit dans une sorte de solitude intensifiée par sa timidité. Il ne va pas, de plus, sortir souvent de chez lui pour des raisons purement climatiques, car un hiver exceptionnellement froid s'est abattu sur la France, incitant l'abbé Pierre à lancer une campagne pour voler au secours des sans-logis. Dans cette glaciale grisaille, Huguette écoute à la radio des informations peu faites pour remonter le moral du pays. Tandis que le gouvernement institue la TVA, qui va augmenter le prix de toutes les marchandises de consommation courante, l'armée française essuie au Viêtnam la terrible défaite de Diên Biên Phu, avec pour conséquence la fin de la guerre d'Indochine. Cependant, si un conflit se termine, un autre commence en Algérie, où le FLN amorce son combat pour l'indépendance. Par bonheur, son mari Francis, père de famille, ne peut être mobilisé, mais il y a autour d'elle des jeunes gens qui, à peine rentrés d'une guerre, vont devoir en entamer une seconde.

Malgré ces noirs nuages, Thierry nage dans l'heureuse inconscience des enfants de son âge. Il trottine dans l'appartement, emprunte plus qu'il ne devrait les jouets de Renaud, câline les poupées de Martine et subit comme il se doit l'énervement de ses aînés. Les musiques que déverse le poste de radio lui plaisent de plus en plus, et il parvient presque à en chantonner quelques mélodies sans paroles. Charles Trenet, revenu de son périple américain, claironne «Moi, j'aime le music-hall» ou «Nationale 7», Jacqueline François dépeint des «Lavandières du Portugal» quelque peu fantaisistes et Dario Moreno vocifère un «Mambo italiano» teinté d'un curieux accent. Mais celle que semble préférer le petit est « Le marchand de ballons », de Gilbert Bécaud, pour son rythme trépidant et parce que le mot « ballon » évoque pour lui des jeux amusants, lorsqu'il va au square avec sa maman.

Sur le plan politique, domaine auquel il s'intéressera tant le moment venu, on nage en plein folklore, avec le début du gouvernement de Christian Pineau, d'une durée record de vingt-quatre heures, puis de celui de Pierre Mendès-France, qui ne tiendra que quelques mois, mais les Français peuvent aussi s'enorgueillir de la présentation de la DS 19 Citroën et du vol du prototype de la Caravelle. Ils se consolent en outre en apprenant que l'année sera exceptionnelle pour les vins de Bourgogne et de Champagne. Les voitures et les avions, tout cela plaît bien à Thierry, mais il voudrait surtout aller aux États-Unis rendre visite à son copain Mickey, dont il aime beaucoup les dessins et dont on lui raconte qu'on vient de construire pour lui une ville spéciale nommée Disneyland… Les États-Unis, il les verra plus tard, il en rêvera même, mais il est, pour l'instant, trop jeune pour lire dans les magazines les événements qui s'y déroulent : le triomphe de Marlon Brando avec un Oscar pour *Sur les quais,* le décès de l'acteur James Dean, toutes choses qui font vibrer ou pleurer le public, comme lui-même le fera rire un jour.

On imagine volontiers les sketches qu'il aurait pu concocter avec la découverte de gisements de pétrole au Sahara, la troisième semaine de congés payés ou le mariage, à Monaco, du prince Rainier III avec Grace Kelly, la blonde icône hollywoodienne, lors d'une cérémonie suivie par trente millions de téléspectateurs. Une autre circonstance qui passe inaperçue à ses yeux d'enfant est la nationalisation du canal de Suez, qui va pousser hors d'Égypte un certain nombre de Français, parmi lesquels Claude François, futur chanteur envers lequel Thierry éprouvera une admiration sans bornes pour son acharnement au travail.

Le grand bal politique mondial continue avec la création de la Communauté économique européenne, le lancement par l'URSS du premier satellite artificiel Spoutnik, et, en France, un charivari sans cesse renouvelé : un gouvernement d'Antoine Pinay prend fin le lendemain de sa composition, un autre de Guy Mollet se termine au bout de six jours… Encore inattentif à ces rebondissements, Thierry étouffe un peu, dans l'appartement familial, et le moment de la journée qu'il apprécie entre tous est celui où, en compagnie d'Huguette, il accompagne Martine et Renaud au cours privé Frémyot de Chantal, à deux pas de chez eux, sur l'avenue d'Italie. Ébloui par le prestige de ses deux aînés, il rêve lui aussi de fréquenter l'école à son tour, mais il lui faudra une longue insistance, ponctuée de quelques crises de larmes placées fort à propos, pour que sa maman se soumette à ses exigences. Accepté avec deux ans d'avance par la directrice, Melle Le Couturier, il fait sa rentrée, ému et triomphant, dans cet établissement objet de tous ses désirs, où, coiffé d'une casquette, équipé d'un cartable neuf, d'un cahier quadrillé et d'un superbe crayon, il s'installe en classe pour s'apercevoir aussitôt qu'on l'a séparé de son frère et de sa sœur. Arrivé à l'école à 9 heures, il n'a déjà plus qu'une idée en tête, en repartir, et décide à midi de ne plus y remettre les pieds…

Son caprice, cette fois, se heurtera à la volonté maternelle, d'autant plus farouche que le trimestre a été payé, et il n'aura d'autre choix que de se plier à cette nouvelle discipline scolaire. Son caractère, pourtant, ne le prédispose pas à la résignation, et il va se trouver une manière toute personnelle de manifester sa révolte : quand il croise dans les couloirs la directrice ou la surveillante générale, il garde sa casquette délibérément vissée sur le crâne, alors qu'un petit garçon poli est censé se découvrir en présence d'un adulte. « Je n'étais ni impoli, ni spécialement coquet, expliquera-t-il, mais cette casquette c'était ma résistance à moi, mon maquis personnel, mon Vercors. »[2]

2. Thierry Le Luron et Guy Monréal, *op. cit.*

Rentré chez lui, il fait rapidement ses devoirs, écrivant de la main gauche, habitude dont il ne parviendra jamais à se débarrasser, puis se délecte chaque fois que possible à écouter la radio. Son moment préféré est celui du jeudi après-midi, que Radio Luxembourg consacre aux enfants avec l'émission *Champions,* animée par André Bourillon, Jacques Legrain et Guy Bertret. Comme tous les gosses de France, il adore suivre les aventures de l'Indien Bill Topeka ou des Chevaliers du ciel, mais surtout tenter de résoudre l'énigme hebdomadaire proposée aux auditeurs. Il ne se tient plus de joie lorsque, un jeudi, il trouve la solution à celle qui vient d'être soumise : « Trois amis sont tombés dans un puits. Ils n'ont ni échelle, ni corde, et personne ne peut entendre leurs appels au secours alentour. Comment peuvent-ils s'en sortir ? »

De sa plus belle main gauche, il écrit sa réponse sur une carte postale : « Izaka retiré leurzabi, fer un neu pour fer une ficell et pi la lancé »... Explication phonétique, mais astucieuse, que sa mère, pour ne pas le décevoir malgré une orthographe approximative, se décide à envoyer à Radio Luxembourg. Une initiative couronnée de succès, puisque, le jeudi suivant, le haut-parleur familial claironne la victoire de Thierry Le Luron, dont le tout premier cachet sera un magnifique ballon de football, l'envahissant d'une fierté dont il ne se privera pas de faire étalage. Comme il le dira, « c'est fou à quel point on prend vite de mauvaises habitudes ».

Une partie du jeudi est aussi consacrée au cinéma, le plus souvent au *Palace Italie,* avenue de Choisy, où l'on projette les dessins animés de Walt Disney, ou parfois au *Fontainebleau* où, en suçant un esquimau ou en croquant des bonbons acidulés, il s'émerveille des couleurs et des émotions de films tels que *Le tigre du Bengale* et *Le tombeau hindou.* C'est là qu'il apprécie la saisissante beauté brune et les jambes longilignes de Debra Paget, vedette de ces chefs-d'œuvre de Fritz Lang, dont la danse sensuelle indigne sa maman, mais lui fait découvrir dans un premier émoi physique qu'il est un authentique garçon… D'autres fois, Huguette emmène ses petits au théâtre pour enfants de Roland Pilain, où il va participer à un concours consistant à deviner le nombre de spectateurs présents, trouvant la réponse exacte d'autant plus facilement qu'au lieu de regarder la pièce, il a passé son temps à les compter. « Prédestination ? s'interrogera-t-il des années après. Je m'intéressais déjà au remplissage des salles. Très important, le remplissage des salles. Dans le métier, on raconte que quand Les Compagnons de la Chanson sont en scène, il y en a sept qui chantent et un qui compte les spectateurs. Les gens sont méchants. »[3] Ayant donc gagné sans difficulté, il éprouve une délectation particulière à entendre prononcer son nom au micro et salué par des bravos. Pour lui, les applaudissements sont une révélation qui ne va plus jamais le quitter, conditionnant son avenir sans qu'il le sache encore. « La formule, dira-t-il, repose sur une réalité tangible : tout jeune homme où toute jeune fille dont le "moi" secret aspire à se produire sur scène connaît, grâce à la première rencontre avec les applaudissements d'une salle anonyme, l'épreuve de vérité. S'il a la foi, la passion, la conviction, il ne s'en remettra jamais et n'œuvrera plus désormais pour autre chose que cela : connaître à nouveau, et de plus en plus grand, l'orgasme de l'applaudissement, de la reconnaissance, le plaisir inouï de la rencontre entre l'individu et les spectateurs sur ce lieu privilégié qu'est une scène. Cette première gloire locale m'a tout éclairé. J'ai vu ma vie devant moi. [...] Alors, je n'ai plus pensé qu'à cela, et tout ce qui a suivi, depuis mes premières armes à la télé jusqu'aux récitals à Marigny ou au Gymnase, procède de ce moment-là. »[4]

3. Thierry Le Luron et Guy Monréal, *op. cit.* **4.** *Paris Match*, 30 novembre 1984.

CHAPITRE 2

COLORADO, DOUX BERCEAU DES CHIMÈRES...

Dopé par son « succès » radiophonique, Thierry passe plus de temps que jamais à écouter les émissions des différentes stations, s'imbibant de tout ce qu'il entend au point de connaître par cœur les titres du hit-parade et s'amusant à reproduire les intonations des chanteurs à la mode de façon approximative. « Je passais mes journées entières à faire des imitations, expliquera-t-il. À l'époque, je m'imaginais que c'était ça. Mais mes copies ne devaient pas être tout à fait conformes. Ma mère, ma sœur et mon frère reconnaissaient ce que je chantais, mais n'identifiaient pas du tout ma voix à celle des interprètes originaux. Pour tout dire, je les agaçais. »[5]

La fin de l'année scolaire venue, les résultats sont à la hauteur de ses efforts, autrement dit peu brillants, et il se voit obligé de redoubler sa douzième, abordant la nouvelle année d'une astucieuse façon, en choisissant « stratégiquement et psychologiquement » de s'asseoir au premier rang. Il a en effet constaté que l'institutrice, connaissant la prédilection des cancres à se regrouper au fond de la classe, se préoccupe beaucoup moins des élèves placés juste en face d'elle. Il a aussi laissé au vestiaire la casquette qui lui valait tant de désapprobation...

5. Jean-Pierre Mogui, *Thierry Le Luron, vedette à la une,* Saint-Germain-des-Prés, 1971.

Écolier satisfaisant en français, en histoire, en dessin et instruction religieuse, il se montre par contre pitoyable en géographie, et surtout en calcul, incompétence que Huguette s'applique à corriger par une méthode énergique : en le débarbouillant de la main droite recouverte d'un gant de toilette, elle lui fait réciter ses tables de multiplication, et, s'il se trompe, la main gauche assène une bonne claque pour rafraîchir une mémoire défaillante. Il tentera plus tard de combler cette lacune mathématique, quand les imprésarios et agents du fisc se chargeront de le condamner, sans grand succès il est vrai, à savoir compter.

En attendant de devoir se plonger dans cette arithmétique rébarbative, il se passionne pour l'opérette, sous l'influence de Daniel, parrain fanatique de ce style, qui, un soir de 1957, alors qu'il est âgé de 5 ans à peine, l'emmène au théâtre Mogador applaudir *Colorado,* où se distinguent Armand Mestral et Bernard Alvi. À peine arrivé dans ce lieu magique que dirige Henri Varna, il se prend à rêver, ébloui par un décor où scintillent des lumières éclairant des fauteuils au velours d'un rouge éclatant. *Colorado,* c'est l'une des deux seules opérettes, avec *Pampanilla,* composées par Jacques Henry-Rys, décédé prématurément à l'âge de 51 ans, et c'est aussi l'une des belles réussites du genre.

Personnages hauts en couleur, événements insolites, histoire extravagante, et surtout bonne humeur inoxydable sur des mélodies alertes sont les caractéristiques de *Colorado,* propres à enthousiasmer le gamin. En l'espace d'un instant, il se voit d'abord chef d'orchestre, changeant très vite d'avis pour s'imaginer en ténor à la voix retentissante. La musique, envers laquelle il éprouvait une certaine attirance, vient d'entrer dans son univers de façon spectaculaire, portée par des chants, des danses et des ors, sublimée par de fortes présences physiques, et c'est ce monde-là qu'il tentera de reproduire plus tard, décidé à courir sa chance dans l'art lyrique, à s'insérer dans la galaxie de l'opérette avant de basculer dans le comique. Le retour à la maison ne sera pas de tout repos car, effectuant sans le savoir sa première imitation, il ne cesse de copier Bernard Alvi modulant « Colorado, doux berceau des chimères ». Envoyé au lit avec l'ordre de garder le silence pour ne pas déclencher la colère des voisins, il recommence dès le lendemain, à la fenêtre cette fois, donnant un récital salué par les applaudissements de l'immeuble d'en face.

Autoproclamé spécialiste de l'opérette, il se passionne pour ses interprètes les plus illustres, de Tino Rossi à Georges Guétary, sans oublier, bien sûr, le détonant couple Marcel Merkès et Paulette Merval. Dans le même temps, il découvre à la radio Charles Aznavour ou Dalida, dont il apprend par cœur les chansons, s'évertuant à reproduire leurs intonations, au grand désespoir de ses parents qui soupirent après un moment de calme. Dès qu'il le peut, il se fait aussi emmener à l'ABC, le célèbre music-hall du boulevard Poissonnière, où, non content d'acclamer les artistes, il les guette à la sortie pour obtenir des autographes et admirer les superbes voitures à bord desquelles ils s'éloignent vers des horizons qu'il imagine hors du commun. En attendant de se lancer sur leurs traces, il s'intéresse davantage au début des aventures de Gaston Lagaffe dans *Le journal de Spirou* ou à l'apparition de la minuscule Fiat 500. Et puis, il rêve toujours de *Colorado*…

Si le jeudi est consacré aux distractions enfantines, le dimanche est le jour de la famille, celui où, en compagnie de sa mère, sa sœur, son frère et sa grand-mère, Thierry se rend en toute saison chez sa tante Lucie, avenue Edison, à quelques centaines de mètres, pour regarder la télévision. Il en profite pour se gaver des bonbons qu'elle laisse à sa portée et, pour la remercier de cette délectable indulgence, lui confectionne des cadeaux inattendus. Le plus souvent, il s'applique ainsi à mélanger tous les fonds de flacons de parfum disponibles, les complétant d'eau du robinet pour créer une essence absolument originale, dont il inscrit le nom sur une étiquette. Jamais il n'apprendra si Lucie a vraiment apprécié ces présents insolites, « mais ce que je sais, dira-t-il, c'est que je n'ai jamais vu de mouches chez elle ! »

D'autres fois, il se plaît à jouer avec les pipes de l'oncle Jean, le mari de Lucie, qui passe, lui, ses dimanches sur les hippodromes. Devenant entre ses mains d'effrayants revolvers, ce sont pour lui des armes invincibles qu'il lui arrive même d'emporter, considérant que, le chemin de retour, la nuit venue, n'est pas assez sûr pour prendre le moindre risque quant à la sécurité de sa famille. Comme tous les enfants, il a l'inventivité fertile, mais surtout, comme tous les timides, il la fait travailler plus que d'autres, se créant un monde intérieur où les barrières n'existent plus et qui, le jour où il s'en libèrera, laissera fuser des mots d'esprit à n'en plus finir.

Petit garçon sain et dynamique, Thierry a cependant les bronches fragiles, et, à l'âge de 7 ans, le médecin conseille à ses parents de l'emmener à la montagne. C'est à Samoëns, en Haute-Savoie, qu'il va tomber amoureux, mais pas de la façon que l'on croit. L'objet de sa passion, en effet, sera l'autobus ! Tandis que la famille visite les environs à bord de ce moyen de locomotion, il s'assoit le plus près possible du conducteur, imitant soigneusement chacun de ses gestes : il manie en même temps que lui un volant imaginaire, fait mine de klaxonner et décide que sa vocation est clairement définie : il sera chauffeur d'autobus. Des années plus tard, quand il racontera ce souvenir à un journaliste de *France-Dimanche*, il se verra gratifier d'une première page annonçant en gros caractères : « Merci maman, sans toi je serais chauffeur d'autobus ». « Une chance, dira-t-il, que je ne lui aie pas raconté qu'à la même époque les dessous de mon institutrice me fascinaient. »[6]

L'année suivante, ils retournent en Bretagne, cette fois à Ploumanach, dans la région natale de son père, tout près

---

6. Thierry Le Luron et Guy Monréal, *op. cit.*

de Perros-Guirec, sur la Côte de Granit rose, où les distractions ne manquent pas. Sur l'île aux Moines voisine, on peut visiter le fort Vauban et, au large, dans l'archipel des Sept-Îles, se trouve la plus importante réserve d'oiseaux de France, peuplée aussi de quelques dizaines de phoques gris. À l'intérieur des terres, on peut parcourir le sentier des Douaniers, d'où l'on observe les fameux amas de granit, tandis que la vallée des Traouïero comporte une superbe promenade où abondent grottes, mousses et fougères. Les enfants peuvent, dans ces conditions, largement s'occuper, à Ploumanach, même si leur maman y sera immuablement considérée comme « la Parisienne », voire l'étrangère… jusqu'au jour où son Thierry accédera à la célébrité. « Quand il pleut en Bretagne, expliquera-t-il, il n'est pas question de se baigner, et quand il ne pleut pas, c'est qu'il va bientôt pleuvoir, mieux vaut ne pas se risquer dans l'eau très froide. » L'essentiel de son temps est donc consacré à lire, mais, tout en ingurgitant des volumes de la Bibliothèque Verte, il écoute, sur le tourne-disque offert par sa grand-mère, les Petits Chanteurs à la Croix de Bois pendant que sa sœur, elle, se délecte des aventures de Heidi.

Ces lectures vont lui être utiles en classe où, si l'on peut dire, les choses deviennent plus sérieuses car, les vacances terminées, il entre en dixième. Comme il se doit, il se fait des copains, ce qui lui donne pour la première fois l'occasion de découvrir que les amitiés ne sont pas toujours ce que l'on croit, et que la trahison n'attend pas forcément le nombre des années. Chaque jour, il rentre déjeuner chez sa maman et, profitant de cette pause, passe un bon moment à se déguiser, interprétant, déjà, toutes sortes de personnages. Incarner des individus divers le mène vers des mondes imaginaires où, sans doute, il ébauche sans le savoir ce qui constituera un jour sa profession et fera de lui une vedette. Tantôt, empruntant la robe de chambre rouge de sa mère et un parapluie en guise de canne, il se prend pour Louis XIV. D'autres fois, il se transforme en cow-boy, la tête coiffée d'un chapeau rabattu sur les yeux, brandissant ses pistolets à amorce pour abattre les méchants Indiens qui sont censés l'attaquer. Ces « armes », justement, seront la cause de sa première déception amicale, le jour où, un peu pressé par le temps, il retourne en classe en les gardant fièrement enfoncées dans sa ceinture, ce qu'un dénommé Regalo, pourtant considéré comme un vrai complice, s'empresse de signaler à la maîtresse, entraînant une confiscation définitive.

Heureusement, un acolyte, Marc Vinnichi, le réconciliera avec la camaraderie, d'une part en ne le trahissant jamais, d'autre part en lui prêtant volontiers ses petites autos pour jouer le jeudi après-midi. Les voitures sont l'un des grands centres d'intérêt de Thierry, et il s'efforce sans cesse d'augmenter sa collection de Dinky Toys, proposant pour cela à son frère et à tous ses amis de nettoyer leurs vélomoteurs moyennant une pièce de cinq francs. Regrettant que son père, souvent absent, ne possède pas la moindre automobile, il raconte à ses copains, mentant effrontément, que Francis est propriétaire d'une superbe Traction Avant Citroën, mais que, en marin consciencieux, il l'emporte avec lui sur son bateau au cours de ses voyages. Il a aussi dans sa classe deux jolies petites filles, Armelle Le Bihan et Sophie Vassor, envers lesquelles il éprouve une incontrôlable attirance, d'ailleurs partagée, sans se résoudre à choisir entre elles.

Entre copains et béguins, il y a en outre, pour les distractions, le théâtre en plein air du jardin de Choisy, où l'on s'en va en rang par deux, libres de bavarder tant que l'on veut. Au retour, il ne manque pas de faire une halte au rez-de-chaussée de son immeuble, où Pauline, la mère de son parrain, marchande de vin, l'attend dans l'arrière-boutique avec une provision de religieuses, d'éclairs au chocolat et de clafoutis aux cerises dont il se gave joyeusement. Mais il y a surtout la radio, qui reste, en ce temps-là, le divertissement essentiel des familles. Il s'y délecte de *Ça va bouillir,* le feuilleton financé par le lessivier

Sunil où, sur Radio Luxembourg, un peu avant 13 heures, Zappy Max affronte le vilain Kurt von Straffenberg, un terrible… asthmatique surnommé « Le Tonneau ». La particularité de *Ça va bouillir* est assez étonnante par la façon fantaisiste dont la publicité y est insérée, comme lorsque le personnage central, trouvant un mouchoir en guise d'indice, s'écrie : « Il a été lavé avec Sunil, quelle merveilleuse fraîcheur ! »

Le mardi soir, il s'effraye en suivant la série *Allô police,* dont sa sœur Martine met à profit le terrifiant climat pour le torturer, la nuit venue, à coups d'histoires horribles. Chaque semaine, des comédiens prestigieux sont réunis pour un nouvel épisode écrit par des auteurs confirmés de romans policiers, et des millions d'auditeurs sont fidèles à ce rendez-vous sponsorisé par Nescafé. Et puis, il y a bien sûr la fameuse *Famille Duraton,* dont les membres, Français moyens par excellence, commentent à l'heure du dîner l'actualité du jour dans une libre improvisation. Le père est un râleur bourru, la fille rêve de libération de la femme avant l'heure, la mère impose son bon sens et donne des conseils ménagers…

Sur la jeune station Europe n° 1, on écoute *Signé Furax,* le rocambolesque feuilleton créé par Pierre Dac et Francis Blanche, dont les épisodes, à cette époque, s'intitulent *Le boudin sacré, La lumière qui éteint* ou *Le gruyère qui tue…* tout un programme. Dans *Le boudin sacré,* par exemple, les principaux monuments français ont été volés par l'ignoble Furax, qui les a remplacés par des copies, ce qui déclenche une enquête du commissaire Socrate, secondé par les détectives Black et White et le tueur napolitain Asti Spumante. Cela va les mener à la découverte des énigmatiques Babus, qui visent à conquérir le monde et dont l'emblème est le Goudgouz, le boudin sacré…

Les années 1960 commencent et une ère nouvelle éclôt, entamant une décennie qui, par bien des aspects, bouleversera la vie des Français. Dans une société qui se veut consommatrice à tout va, la jeunesse se met à jouer un rôle innovant, s'écartant peu à peu d'un cadre encore conservateur pour prendre une certaine autonomie, suivre ses propres modes, choisir ses musiques, et aussi exprimer sa révolte. Depuis les États-Unis arrive le rock'n'roll, en même temps qu'un mot fait son apparition : *beatnik*, lancé à partir d'un concept de Jack Kerouac pour devenir finalement une sorte d'étiquette marketing englobant tout et rien.

Kerouac, en fait, avait employé le terme de *Beat Generation* pour la première fois une dizaine d'années auparavant, pour dépeindre son cercle d'amis au romancier John Clellon Holmes, traçant le portrait de groupes anticonformistes et quelque peu marginaux qui refaisaient le monde lors de réunions new-yorkaises. Pour l'auteur de *Sur la route,* il y avait là une représentation culturelle, voire spirituelle, la vision d'amateurs de jazz adoptant le mode de vie de leurs idoles, leur style vestimentaire, leur usage de la drogue. Dans *Contrecoup : la philosophie de la Beat Generation*, il la décrit comme une génération d'exaltés, d'illuminés, parcourant l'Amérique de long en large en auto-stop, déguenillés, bienheureux, « beaux d'une façon nouvelle, vilainement gracieuse ». De tout cela, le journaliste Herb Caen a, dans un article du *San Francisco Chronicle,* forgé le mot *beatnik,* en ajoutant à « *beat* » le suffixe « *-nik* »… emprunté au satellite soviétique Spoutnik 1, lançant une tendance qui, retenant seulement les aspects superficiels d'un mouvement, va envahir le reste de la planète.

La France, elle, n'est pas encore vraiment touchée par le phénomène, mais des changements se dessinent dans la littérature, le cinéma, la chanson, les allures surtout, avec la propagation du blue-jean qui, du fait de sa connotation « vulgaire », sera longtemps interdit dans les lycées et les discothèques. Les guitares se sont électrifiées, les coiffures des garçons, bien que toujours courtes, s'enduisent de gomina, et, pire que tout, le blouson de cuir noir, qui va bientôt symboliser la délinquance, fait son apparition. Dans les cafés, le juke-box vient apporter les musiques à la mode, tandis qu'à la radio *Salut les Copains,* la nouvelle émission de Daniel Filipacchi et Frank Ténot sur Europe n° 1, fait résonner les tubes de ceux qu'on surnommera les yéyés.

L'essor de la jeunesse française est donc en marche lorsque Thierry est inscrit avec son frère Renaud, qui doit entrer en sixième, à la communale de la rue Fagon, dans le 13e arrondissement de Paris, où il entend pour la première fois tous les gros mots qui n'avaient pas cours dans son établissement privé et qu'il apprend avec émerveillement. Puis, en 1961, les Le Luron quittent l'avenue d'Italie pour s'installer dans un cinq-pièces, au sixième étage d'un grand ensemble de Bagneux. Quand il reviendra plus tard dans le 13e, il ne reconnaîtra plus le quartier de son enfance, où les trottoirs qui lui paraissaient larges comme des plages sont réduits à l'étroitesse d'un chemin de brousse et où « les charmants immeubles populaires fin de siècle ont fait place à d'horribles bâtiments-casernes. » [7]

Si Thierry avait l'impression d'avoir fait le tour des mauvaises fréquentations rue Fagon, il changera vite d'avis en intégrant, dans cette banlieue du sud de Paris, l'école Sarrail, dont la langue la plus répandue est l'argot et où le coup de poing s'impose comme moyen essentiel d'avoir raison au cours d'une discussion. Frémyot de Chantal, en comparaison, ressemblait à un cours de danse... Rien, pourtant, ne semblait prédisposer Bagneux à cette dérive, localité au passé historique riche qui abritait une commanderie de Templiers et près de laquelle Louis XIV organisait souvent des chasses royales. Sur son territoire se trouvaient aussi de fécondes carrières dont la pierre a servi à construire l'Arc de Triomphe de l'Étoile, l'église de la Madeleine, le pont des Invalides ou le Louvre. Jusqu'à la fin du XIXe siècle,

7. Thierry Le Luron et Guy Monréal, *op. cit.*

on y cultivait en outre la vigne, mais le Bagneux où se retrouve la famille Le Luron est un peu, désormais, celui de la rue, et c'est également une municipalité communiste où les gamins aux allures trop bourgeoises font l'objet d'une sorte de réprobation. Un jour où, lors d'une réunion de parents d'élèves, Huguette demande au maire pourquoi les enfants n'ont pas davantage d'activités sportives, il lui répond que des salles communales sont ouvertes le dimanche matin pour cela, ce à quoi elle rétorque, indignée, que ses fils et sa fille, eux, ne manquent jamais la messe. « Devant l'air réprobateur du maire, pour la première fois de ma vie, je me sentis une âme d'immigré », commentera Thierry.

Sans doute complexé par son inexpérience dans le domaine des empoignades et sa petite taille, il décide alors de se lancer dans l'étude du judo. « Las d'assister à des bagarres auxquelles je ne pouvais participer, racontera-t-il, l'envie me prit d'aller m'inscrire au gymnase Paul-Eluard, où officiait maître Olivier-Pierre Goin, professeur cinquième dan. Ce fut pour moi une révélation. "La meilleure défense, c'est l'attaque" et "l'adversaire, c'est soi-même", deux des principes fondamentaux du judo, devinrent mes devises tandis que j'apprenais à chuter en avant, en arrière, latéralement, des centaines et des centaines de fois, avant de faire chuter les autres à mon tour. » [8]

« Thierry, raconte sa mère à ce propos, était un "suce-pouce". Dans ses études, il était en avance, et a donc fréquenté l'école très tôt. Il s'est retrouvé en classe avec des camarades plus vieux et plus grands que lui. Il a été complexé. Pendant vingt ans, mon mari a navigué. J'étais donc amenée à prendre les décisions. J'ai obligé Thierry à faire du scoutisme. Au début, il ne voulait pas, mais par la suite il s'est passionné. Pour le judo, cela a été différent. Au lycée, il avait entendu des copains en parler. Il est rentré un soir à la maison et m'a annoncé : "Maman, je veux faire

8. Thierry Le Luron et Guy Monréal, *op. cit.*

du judo !" J'en suis restée assise ! C'était tout à fait à l'opposé de son caractère. Il a insisté : "Accompagne-moi jusqu'au club et inscris-moi !" J'ai cédé, persuadée que ce n'était qu'un caprice. J'ai changé d'avis au lendemain de sa première leçon. Il était transformé. Un véritable coup de foudre ! Plus rien d'autre ne comptait pour lui. Thierry était métamorphosé. Je crois que, finalement, le judo l'a révélé. Quand il est revenu de la salle, on aurait dit qu'il était libéré. Cela n'a fait que continuer et, en outre, lui qui n'avait pas d'amis a ainsi découvert de vrais camarades, des jeunes gens qu'il fréquente encore, ses véritables copains ! » [9]

Une autre révélation est celle de la découverte amoureuse, dans des conditions, il est vrai, assez rocambolesques : « À l'occasion d'une sortie en car du club de judo – nous devions disputer une compétition à Épernay – je bus, Épernay oblige, pour la première fois de ma vie du ratafia, apéritif fait de vin de champagne, et découvris brutalement, entre deux gorgées euphorisantes, que j'étais amoureux de la fille de maître Goin, une ravissante fille de 15 ans aux yeux et aux cheveux châtain. Hélas, elle ne s'intéressait qu'à mon meilleur copain. La vie devait m'apprendre par la suite que les choses se passent souvent de cette façon. Pour me consoler, je me suis mis à rêver de ma voisine du dessous que je ne connaissais pas, sinon de vue, à qui je n'avais jamais parlé. Je me suis mis à l'agresser tous les soirs au moyen d'un caillou accroché à une ficelle que, de mon balcon, je faisais tournoyer pour atteindre la fenêtre de sa chambre. Peut-être un grand amour adolescent aurait-il pu naître entre nous si, par malchance, un jour où j'avais tendrement lancé ma pierre, elle n'avait failli éborgner la mère de l'objet de ma flamme. Il faut se méfier de la technique. » [10]

Les filles, on en parle beaucoup entre copains, mais bavardages et forfanteries sont rarement suivis d'effets, et il lui faudra attendre quelque temps la première révélation

---

9. Jean-Pierre Mogui, *op. cit.* **10.** Thierry Le Luron et Guy Monréal, *op.cit.*

physique. Elle viendra finalement lors d'un stage de voile organisé pendant l'été à la Trinité-sur-Mer par la municipalité de Bagneux, qui, malgré les critiques d'Huguette Le Luron, a aussi de bonnes initiatives. C'est là qu'il remarque une bien jolie demoiselle qui, s'il éprouve pour elle des sentiments platoniques, se charge de lui prouver qu'on peut manifester son admiration de façon plus concrète. « Je trouvais l'expérience fantastique et me jurais de recommencer à la première occasion »[11], dira-t-il, mais on verra qu'il ralliera en fait d'autres chemins.

Le judo, quoi qu'il en soit, va lui apporter une fermeté nouvelle, qui le sortira de ses inhibitions. « En réalité, jusqu'à un certain âge, avouera-t-il, j'ai été un enfant timide, heureux, qui se réfugiait de façon maladive dans les jupes d'une mère très possessive. L'absence du père, peut-être, qui voyageait beaucoup, la présence d'un frère et d'une sœur au-dessus de moi, ma fragilité physique, toujours est-il que de multiples éléments, dont l'éducation dans une école privée très bon genre, ont fait de moi, jusqu'à l'âge de 12 ans, un curieux mélange d'histrion – je savais déjà faire rire l'entourage familial – et d'enfant inhibé.

À peu près vers ces eaux-là, mes parents ont déménagé pour Bagneux, la banlieue, la communale, l'argot dans la cour et les coups dans la gueule. J'ai découvert un monde brutal et qui ne faisait pas de quartier aux mignons et chétifs bambins comme moi. Alors, j'ai résisté. Je me suis inscrit à un cours de judo. Ça m'a dénoué, ça m'a décomplexé, j'ai accepté mon corps, ma relative petitesse, car je compensais par ma rapidité, mon acharnement, mon audace. J'ai appris à chuter, c'est un enseignement indispensable dans la vie. Je faisais treize heures de judo par semaine, j'ai atteint la ceinture noire assez vite pour devenir l'adjoint du moniteur à l'âge de 14 ans. C'est cela qui m'a poussé vers un excès de culot, d'inconscience même, après avoir connu le contraire. Je n'ai plus jamais reculé. »[12]

---

11. *Ibid.* **12.** *Paris Match,* 30 novembre 1984.

Sur les tatamis, il va acquérir une aisance nouvelle, se passionner pour ce sport, se faire de vrais amis qu'il gardera de longues années, et c'est encore grâce au judo qu'il osera, à l'âge de 16 ans, entrer dans un café pour commander fièrement sa première consommation, un lait-fraise ! En dépit de cette belle assurance, il ne parvient toutefois pas à décider sa mère à lui offrir un chien, mais il en recueille un, sitôt baptisé Bobby, pour lequel il construit une sorte de niche derrière l'immeuble où il habite. « C'était, dira-t-il, un pauvre chien des rues, bâtard et pelé, une véritable horreur en fait, mais, depuis le jour où je lui avais donné un sucre, nous étions devenus inséparables. » Chaque jour, il lui apporte à manger, jusqu'au moment où il s'aventure à le caresser tandis qu'il grignote un vieil os et où Bobby le mord, provoquant une immense déception « pas tant pour la douleur physique qu'il m'avait infligée que pour la peine qu'il m'avait faite ».

Bobby renvoyé à son vagabondage, Thierry ne renonce pas pour autant à son idée et, chaque fois que Huguette lui propose un cadeau, il demande un chien. Refusant tout aussi obstinément, Huguette conseille autre chose à la place, et il réclame alors de l'argent... pour acheter un chien. C'est son père qui résoudra finalement le conflit en lui ramenant un jour d'URSS, l'année de ses 10 ans, une adorable boule de poils noirs et blancs prénommée Nikita. Mais il s'avérera que Nikita, laissant peut-être parler les instincts guerriers de lointains ancêtres des steppes soviétiques, a le coup de mâchoire facile, martyrisant volontiers les membres de la famille tout comme les enfants ou les commerçants du quartier. Thierry ne lui en manifestera pas moins une affection débordante jusqu'au jour où il s'en ira rejoindre le paradis des toutous.

III

CHAPITRE 3

UN JOUR, À PERROS-GUIREC

Entré en sixième au lycée Paul-Langevin de Bagneux, Thierry est encore quasi ignorant du phénomène qui agite la jeunesse, et il restera toujours, d'ailleurs, presque étranger aux modes contemporaines, se cantonnant dans une apparence très classique qu'il maintiendra envers et contre tout. Dans son nouvel établissement, il se heurte au latin, auquel il est totalement réfractaire, ce qui lui vaut de redoubler cette première année dans l'enseignement secondaire. Les vacances venues, il part pour Civezza, village du nord-ouest de l'Italie où vit son oncle Pierre, le frère de sa mère, qui, ayant abandonné son travail de kinésithérapeute et sa femme pour se consacrer à des occupations artistiques, a décidé de trouver la sérénité dans cet endroit paisible. Situé en Ligurie, dans la province d'Imperia, la bourgade, à deux cent vingt-cinq mètres d'altitude, s'étend sur moins de quatre kilomètres carrés à peine et ne compte pas plus de quelques centaines d'âmes, la garantie, à n'en pas douter, d'un calme profond. Là, Pierre, qui pratique le judo et le yoga, raconte à longueur de soirée des histoires que le gamin écoute avec délices, mais lui fait surtout découvrir la peinture, éveillant chez lui une sensibilité à la beauté qui le suivra toute son existence.

Cette révélation ne sera pas sans influence sur le reste de son parcours, le menant même parfois à un appétit extrême d'esthétique et d'harmonie qui donnera à ses habitations des allures de musées et, peut-être, pèsera sur ses goûts amoureux, mais engendrera en outre une sorte de blessure par la recherche trop permanente d'une perfection impossible à atteindre. On peut imaginer, chez Thierry, un souci de la splendeur inspiré par la civilisation grecque où, dans un authentique idéal de culture, tout devait tendre à la perfection, dans une grâce absolue, jusque dans les moindres détails de la vie courante. On conçoit aussi volontiers, dans cette quête d'éclat, des analogies avec *Le portrait de Dorian Gray,* ce roman qui dévoile bien des aspects de la personnalité équivoque d'Oscar Wilde, dandy irlandais en lutte contre une société puritaine. On constate, dans ce récit à l'homosexualité latente, les excès et les déchirements résultant d'un culte immodéré de cette beauté qui « fait princes tous ceux qui la possèdent ».

Revenu en région parisienne, Thierry reprend sa scolarité, presque indifférent à tout ce qui s'agite autour de lui, s'intéressant principalement au lancement du paquebot *France,* sur lequel son père pourrait un jour naviguer. Pourtant, les temps changent, et l'on voit surgir une génération de chanteurs s'adressant à un unique public : la jeunesse, clientèle privilégiée qui fait les modes et dispose désormais de suffisamment d'argent de poche, en nouveaux francs depuis 1960, pour acheter les disques qui lui plaisent. Depuis l'avènement du 45 tours, plus petit et moins cher, le marché phonographique connaît une formidable expansion, aidée par l'apparition du juke-box, du mange-disques, et aussi du Scopitone, qui associe l'image au son.

Importé des États-Unis, le rock'n'roll submerge tout, porté par l'ultrapopulaire Elvis Presley, et les artistes français s'empressent de copier ce phénomène en adaptant les chansons américaines ou en faisant élaborer des reproductions, parfois réussies, par des compositeurs nationaux. Johnny Hallyday, Les Chaussettes Noires et Les Chats Sauvages sont devenus des vedettes, tandis que, dans des genres moins électrisants, Sylvie Vartan, Richard Anthony ou Sheila s'inscrivent également dans les hit-parades. Françoise Hardy, la plus suave, est en train de s'imposer, tout comme un nouveau venu, Claude François, dont le « Belles, belles, belles » lance une carrière appelée à durer longtemps. Surnommés yéyés par la presse, tous se situent dans une mouvance indomptable, et partout, après leur passage, les salles ressemblent à des champs de bataille où la jeunesse, soit par la simple excitation des rythmes, soit par besoin de violence, donne libre cours à ses pulsions.

Désormais, ce terme imaginé par le sociologue Edgar Morin sous la forme « yéyé » à partir de l'exclamation *yeah* – pour *yes* – employée dans le jazz, puis dans le rock'n'roll et le twist, suffit à désigner un courant musical, dans lequel Morin voit de profondes implications sociales. Selon lui, en effet, l'exaltation du yéyé « peut porter en germe la fureur du blouson noir, le refus solitaire du beatnik », tandis qu'il y a dans ce yéyé « superposition, voire mixage de contenus de la culture de masse et d'une absence de contenus ».

Il est vrai que cette colère s'exprime occasionnellement, mais son point culminant est sans doute la fameuse Nuit de la Nation. En 1963, un an après avoir créé le magazine *Salut les Copains,* dont le tirage a franchi le million d'exemplaires, Daniel Filipacchi lance un appel sur les ondes d'Europe n° 1, invitant ses auditeurs à se réunir place de la Nation le samedi suivant pour un concert gratuit. Dans la soirée du 22 juin, cent cinquante mille adolescents affluent pour applaudir les Gam's, Danyel Gérard, Les Chats Sauvages, Les Chaussettes Noires, Frank Alamo, Richard Anthony, et surtout le couple emblématique d'une génération : Sylvie Vartan et Johnny Hallyday.

Dépassés, les organisateurs font intervenir la police pour contenir cette foule impatiente et fébrile devant laquelle les artistes sont parfois obligés de hurler pour être entendus. Tout cela, cependant, serait resté bon enfant si des bandes de blousons noirs n'avaient semé le chaos, brisant vitrines et voitures, blessant spectateurs et passants et, surtout, déchirant les vêtements de jeunes filles et violant l'une d'elles. Le lendemain, *Paris-Presse* titre « Salut les voyous ! », tandis que, dans *Le Figaro,* Philippe Bouvard compare la nuit aux « discours de Hitler au Reichstag » et que *La Nation* évoque des « barbares ». Le général de Gaulle, lui, déclare dans l'une de ses célèbres formules : « Ces jeunes gens ont de l'énergie à revendre, qu'on leur fasse construire des routes ! »

En cette année où se profilent peut-être les événements de Mai 68, Thierry Le Luron, loin de cela, continue placidement ses études et poursuit ses activités dans le scoutisme, un mouvement de jeunesse dont les valeurs de solidarité, d'entraide et de respect correspondent bien à son mode de pensée. À travers cela, il va, en complément du judo, affirmer son caractère et construire sa personnalité, et il aime beaucoup le scoutisme pour l'esprit de communauté qui y règne, comme les efforts physiques parfois exigés. Il parcourt ainsi à pied le tour du Mont-Blanc ou le circuit de grande randonnée du massif de la Vanoise, mais ce sera en outre l'occasion de trouver son tout premier public un soir où, un de ses camarades manquant à l'appel et les moniteurs étant lancés sur ses traces, il s'emploie à distraire la petite troupe nichée dans un refuge de montagne. Ses imitations sont au nombre de cinquante-neuf, dont il a soigneusement consigné le détail sur une feuille qui ne le quitte pas. Très organisé, il demande aux copains d'attribuer des notes à chacune et, lorsque l'on apprend, deux heures plus tard, que le gamin disparu a en fait rejoint ses parents en auto-stop, Thierry s'est fait une assez bonne idée de ce qu'il réussit le plus brillamment ou le moins bien.

Pour la kermesse annuelle, il fera beaucoup mieux dans la salle paroissiale, en concevant un spectacle tout entier, présentant d'abord *La cassette,* pièce dont il est à la fois l'auteur, le metteur en scène, le principal interprète, et qui se transporte très bizarrement de la cour de Louis XIV chez les cow-boys, puis vers des émirs du pétrole et enfin dans le gang d'Al Capone… La seconde partie, en revanche, est plus construite et plus appropriée à ses dons, puisqu'il y propose une série d'imitations, terminant par une fausse conférence de presse du général de Gaulle durant laquelle il répond aux questions du public. Fort de cette réussite, se considérant désormais comme un artiste confirmé, il fait imprimer des cartes de visite au nom de « Thierry Le Luron, l'inimitable imitateur » et prend comme imprésario le chef scout Serge Richard, auquel il reversera dix pour cent de ses cachets, autrement dit... rien.

Personne ne s'étant précipité pour l'engager, il rejoint le lycée Lakanal de Sceaux, où l'ont précédé quelques autres futures célébrités, parmi lesquelles Julien Clerc, Yves Mourousi, mais également Jacques Chaban-Delmas, qui, plus tard, sera involontairement le déclencheur de sa renommée. Chaque jour, il s'y rend vêtu d'un blazer bleu marine, d'un pantalon de flanelle grise, d'une chemise et d'une cravate club, tenue sur laquelle il veille avec un soin maniaque : ne supportant ni les poches aux genoux ni les plis imparfaits, il repasse chaque jour son pantalon à l'heure du déjeuner afin d'être aussi impeccable l'après-midi que le matin ! Cette apparence d'un grand classicisme, toujours, sera en quelque sorte sa marque de fabrique, l'image un peu stéréotypée d'un jeune homme bien sous tous rapports qui allie honnêteté et équilibre, induisant ainsi, en même temps qu'une posture physique, une pureté d'esprit.

Dans cette politesse envers le monde extérieur, on peut également deviner le reflet d'un certain amour-propre, le désir de paraître exemplaire dans sa personnalité comme on le montre dans son allure, l'évocation de qualités morales et intellectuelles. L'élégance, d'un autre côté, sous-entend, outre le bon goût, de ne pas exprimer trop ouvertement ses émotions, d'entretenir avec les autres des relations harmonieuses en sachant ne pas élever la voix et, lorsque nécessaire, reconnaître ses torts. Dans ce domaine, on verra que Thierry ne sera pas forcément irréprochable.

S'il ne pense déjà qu'au spectacle, le spectacle ne pense pas encore à lui et il entre en première, au lycée de Châtenay-Malabry cette fois, en 1968, l'année où la France va connaître bien des débordements. Plutôt bon élève, c'est aussi un chahuteur impénitent, dont la victime préférée est la jeune femme chargée des cours d'anglais. Le mois de mai arrive, et avec lui un déferlement inattendu de grèves, de manifestations et de violence. En cette curieuse époque, une véritable révolte éclate, où étudiants et ouvriers s'unissent dans un élan spontané contre la société, le capitalisme, et, en même temps, en réaction contre le pouvoir, jugé trop autoritaire, du général de Gaulle. Peu à peu, toutes les catégories de la population, sur l'ensemble du territoire, se joignent à cette rébellion, qui reste à ce jour la secousse sociale la plus orageuse de la France moderne.

Toutes les valeurs traditionnelles sont mises à mal, et le mouvement prend une ampleur si forte que, bientôt, le pays va être paralysé pour plusieurs semaines. Dans les universités, les lycées, les entreprises, les administrations ou les maisons de la culture, des débats passionnés se déroulent à longueur de journée et de nuit. Des slogans souvent inventifs commencent à couvrir les murs, tels que les fameux « Il est interdit d'interdire », « Les murs ont la parole », « Élections, piège à cons » ou « Sous les pavés, la plage ». Depuis quelques mois, il est vrai, les signes de détérioration de la situation économique se multiplient, tandis que le chômage a augmenté au point que le gouvernement a dû créer l'ANPE. Les salaires sont en berne et le monde du travail s'inquiète. Une certaine pauvreté règne encore, au point qu'il existe toujours des bidonvilles, entre autres celui de Nanterre, tout près de l'université où les étudiants manquent de locaux. Côté médias, l'ORTF, qui détient le monopole de l'audiovisuel, est considérée comme la voix du pouvoir plus que celle des Français.

La jeunesse n'est plus tout à fait celle des gentils gamins qui suivent sans rechigner la voie de leurs parents ou épousent automatiquement leurs convictions. Elle a maintenant ses propres émissions de radio, ses magazines, ses musiques, et commence à s'intéresser à tous les frémissements de la planète, notamment aux mouvements révolutionnaires de Cuba ou de la Chine. Dans ce malaise ambiant, la Sorbonne est envahie, puis évacuée par une intervention policière qui va mettre le feu aux poudres. Des étudiants investissent le Quartier latin, où ils dressent des barricades prises d'assaut par les CRS, avec pour résultat des centaines de blessés, répression qui amène un grand nombre de Français à se ranger à leurs côtés.

Dès lors, une grève totale s'installe, les occupations d'usines se multiplient, et un dialogue se noue à travers les générations. Au plus fort de la contestation, Charles de Gaulle disparaît pendant plusieurs heures, et l'on apprendra ensuite qu'il est allé en Allemagne consulter le général Massu, peut-être pour s'assurer du soutien de l'armée. Revenu à Paris, il dissout l'Assemblée nationale pour organiser de nouvelles élections législatives, qui se solderont par un raz-de-marée en faveur de son parti.

Tout cela a entraîné la fermeture de presque tous les établissements scolaires, notamment celui que Thierry fréquente depuis septembre, et dire que c'est pour lui un crève-cœur serait mentir. Restant à l'écart de l'agitation ambiante, il profite sans vergogne des vacances supplémentaires que lui apporte cette révolution sociale et, pour passer le temps, écoute la radio ou regarde la télévision qui diffuse les débats de l'Assemblée. C'est ainsi qu'il découvre un jour Chaban-Delmas, le président, lançant de sa voix nasillarde, du haut de son estrade, une remontrance à un député indiscipliné et que, sans même s'en rendre compte, il répète aussitôt les mêmes mots avec la même voix, provoquant un énorme éclat de rire autour de lui.

Une vocation est en train de naître : avec son copain Dumont, il se met à enregistrer sur cassettes des dialogues imaginaires entre Edgar Faure et Chaban-Delmas, numéro sans lendemain qui l'incite toutefois à envoyer un courrier à Philippe Bouvard, présentateur sur RTL d'un programme où, à côté de célébrités confirmées, il donne leur chance à des débutants : « Je peux imiter n'importe qui. Prenez-moi dans une de vos émissions », lettre qui restera sans réponse. L'été venu, il monte à bord d'un car qui doit l'emmener à Perros-Guirec, où il va rejoindre ses parents pour les vacances. À peine a-t-il posé le pied sur terre qu'une affiche lui saute aux yeux, annonçant un concours d'amateurs moyennant un coût d'inscription de cinq francs. Sans hésitation, il se précipite vers le casino, où il rencontre Maurice Maillet, le chef d'orchestre et animateur qui, surpris par sa petite taille, lui demande de faire ses preuves. En quelques minutes, il fait ainsi défiler devant un interlocuteur ébahi Marcel Merkès et Paulette Merval, Aznavour et Adamo, Johnny et Dalida, et bien sûr Chaban-Delmas, obtenant gain de cause.

Plusieurs semaines de suite, Thierry l'emporte sur les autres concurrents et, le soir de la finale, en première partie du tour de chant d'Enrico Macias, il est sacré vainqueur, empochant à la fois la coquette somme de mille deux cents francs en espèces et la promesse d'un disque auprès de Sélection Records, dont le siège se trouve... en Belgique. Les vacances terminées, il faudrait oublier ces instants grisants pour ne plus se consacrer qu'à ses études, au moment d'entrer en terminale, et, décidé à faire un effort, il s'astreint à suivre les cours tant bien que mal. Mais au bout d'un mois, saturé d'ennui, rêvant de remonter sur une scène, il se plante devant ses parents, dans l'appartement du 1 rue de la Sarrazine, et explique sa volonté de quitter le lycée pour « faire du spectacle ». En bonne logique, on lui assène toutes les considérations habituelles dans ces circonstances : le besoin d'un « bagage pour la réussite », ne pas s'imaginer que l'on va forcément tenir le haut de l'affiche, puis, face à sa détermination, Francis et Huguette cèdent : c'est entendu, leur petit pourra partir à la recherche de sa chance.

« Je ne dirai pas qu'ils eurent l'air d'avoir reçu le ciel sur la tête, commentera-t-il. Ils s'y attendaient depuis un certain temps. Leur première réaction fut, évidemment, de tenter de me dissuader par les arguments classiques : la nécessité de s'armer pour la vie, les aléas du métier d'artiste, mon avenir que je jouais à quitte ou double. Je mis tant d'ardeur à défendre mon point de vue que je finis par les convaincre. Ils me donnèrent leur accord. Aujourd'hui encore, je leur en suis reconnaissant. »[13]

À la Maison des jeunes de Bagneux, il fait la connaissance d'un orchestre dans lequel Didier Girard, dit « Doun », gratte la guitare solo, Jean Lellouche, la guitare basse, Robert Delaune, la guitare d'accompagnement et Luc Chaumeil, la batterie. Persuadé d'avoir un avenir de chanteur, il se met à répéter avec eux et leur trouve un nom plus que fantaisiste avec lequel ils écument Montrouge, Créteil ou Bourg-la-Reine : Thierry Le Luron et ses Rats Crevés, inspiré par la bande dessinée *Bicot et les Rantanplan*...

13. Thierry Le Luron et Guy Monréal, *op. cit.*

Déjà, on voit bien qu'il se démarque du style d'une époque, en choisissant cette appellation franchouillarde et divertissante, de même qu'il ne recourt pas à la mode blouson noir-cheveux gominés. Lui, il se présente en blazer et cravate, soigneusement peigné d'une façon classique, et s'apparente davantage aux Mods britanniques. Si la tendance n'est pas aussi affirmée qu'en Angleterre, il y a cependant en France une sorte de compétition entre ces deux genres si opposés : les « minets », transposition des Mods, et les Rockers, copies presque conformes de leurs homologues anglais.

Sur l'autre rive de la Manche, les Mods – abréviation de *modernists* – sont des jeunes urbains, issus de classes sociales modestes contrairement à ce que laisserait croire leur obsession d'une apparence physique et vestimentaire irréprochable. Sur des chemises consciencieusement repassées, ils endossent des costumes dont la veste compte trois boutons, et des chaussures fines impeccablement cirées. Outre cette coquetterie parfois exagérée, ils consacrent notamment une attention méticuleuse à leur coiffure, la *French line,* qui exige une coupe courte ou légèrement longue, les cheveux séparés sur le côté par une raie bien marquée… Presque tout le portrait de Thierry, en somme.

Originaires de milieux ouvriers, les Rockers, pour leur part, sont adeptes du t-shirt et du blouson de cuir, reproduisant du mieux possible l'image véhiculée par Marlon Brando dans *L'équipée sauvage* et reprise par des rockers purs et durs tels que Gene Vincent ou Eddie Cochran, puis de façon plus édulcorée par Elvis Presley. Chevauchant de puissantes motos qui constituent un symbole de virilité, ils s'enduisent le cheveu de Brylcreem, une gomina qui lui donne un aspect lisse, brillant et surgras. Les Mods, eux, sont plutôt inconditionnels du scooter, véhicule sophistiqué et urbain venu d'Italie, pays où l'élégance est partout de mise. Au rock'n'roll des pionniers, ils préfèrent les compositions plus recherchées des Kinks, des Yardbirds ou des Artwoods. Sans aucun doute, tout oppose ces deux mondes, les Rockers considérant les Mods comme des gringalets snobs et efféminés, tandis que les Mods voient en eux des ringards lourdauds et crasseux. Ce sont en fait deux tribus dissemblables qui, incapables de se comprendre, s'affrontent parfois dans des empoignades extrêmement violentes.

Si les rockers français sont la reproduction de leurs homologues anglais, les « minets » de l'Hexagone imitent les Mods d'une façon moins absolue parce qu'ils sont fondamentalement moins « déjantés » et ne peuvent courir s'acheter des vêtements à Carnaby Street, le temple du prêt-à-porter londonien. Tâtant plus ou moins du rock'n'roll avec ses Rats Crevés, Thierry reste donc le garçon discipliné qu'on lui a appris à être, et les fêtes municipales ou paroissiales constituent le principal terrain d'action de son groupe. Il n'y a là rien de très glorieux, mais il se fait remarquer, tout de même, à l'occasion du Bal du muguet, où l'accordéoniste Aimable, qui en est la vedette, lui propose de l'engager. Ayant conçu une légitime fierté de cette offre, il la décline cependant pour continuer à « tourner » avec ses copains dans les banlieues des Hauts-de-Seine.

Quittant bientôt cette vie qui, si elle ne manque ni d'amusement ni de succès faciles, ne le mènera certainement pas sur les hautes marches qu'il ambitionne de gravir, il s'en va pour Bruxelles, où l'attend le contrat avec Sélection Records remporté à Perros-Guirec et où la déception sera grande. La maison de disques en question n'est qu'une minuscule entreprise dont le gérant, qui n'imaginait sans doute pas qu'on vienne de France lui réclamer de concrétiser sa promesse, ne cache pas sa surprise en voyant arriver le gamin. Le plus gentiment possible, face à la consternation du jeune Thierry, il explique que son planning pour l'année est déjà complet, mais l'emmène le soir même au Moulin Rouge de la place de Brouckère, cabaret dont les patrons sont des amis.

Dans ce « caravansérail genre Lido en plus belge », comme dira Thierry, il assiste à une revue de petites femmes nues, tandis que d'autres, à peine plus habillées, s'appliquent, dans la salle, à commander des bouteilles de champagne pour des messieurs au portefeuille généreux et au crâne souvent dégarni. Sitôt les exhibitions charnelles terminées, il est invité à auditionner, parvenant à susciter un intérêt suffisant pour que s'arrêtent quelques instants les discussions salaces et que le directeur lui propose un engagement de trois ans à raison de deux mille francs par mois. L'affaire semble alléchante, à une époque où le SMIG mensuel est d'environ cinq cents francs, mais il ne peut l'accepter immédiatement dans la mesure où, encore mineur, il doit faire signer tout contrat par ses parents. Sans le savoir, il vient ainsi de décider de son avenir car, en trois ans, il va se passer bien des choses.

Rentré à Bagneux, tous rêves de gloire belge effacés, il se met en devoir d'écrire aux cabarets, aux imprésarios, aux maisons de disques pour leur annoncer le retour de « l'inimitable imitateur », effort méritoire qui ne trouve aucun écho.

Lorsqu'il rencontre par hasard, aux Éditions Raoul Breton, Léo Missir, directeur des disques Riviera, il subit même une vraie douche froide : un imitateur, explique celui-ci, n'a aucune probabilité de vendre le moindre morceau de vinyle ; pour devenir vedette, on doit être chanteur. Thierry ayant rétorqué qu'il chante, justement, et avec une belle voix d'opérette, le couperet tombe sous la forme d'un seul mot : démodé.

Décidément opiniâtre, le jeune homme s'interdit d'accepter ces propos défaitistes et entreprend de courir les auditions, commençant par celle qui se tient chaque semaine à l'Échelle de Jacob sous la houlette de Tim, un ami de Suzy Lebrun, la patronne. Derrière le *Café de Flore,* ce cabaret est une sorte de légende de Saint-Germain-des-Prés, puisque c'est là qu'ont débuté Barbara, Jacques Brel ou Juliette Gréco, mais il en faut davantage pour intimider un garçon déterminé à trouver sa chance quoi qu'il arrive. Le voici donc une fois de plus en train de faire son numéro, puis, prêt à tout entendre, même un nouveau refus, d'attendre le verdict. Ce résultat, s'il n'est pas négatif, n'est pas non plus particulièrement encourageant lorsque Tim, ayant demandé son nom, lui conseille d'en changer rapidement et fait entrer le candidat suivant. Quelques jours plus tard, cependant, Mme Lebrun l'appelle au téléphone pour le convoquer dans son appartement de la rue Mahler, où elle lui annonce que, son barman ayant beaucoup apprécié son essai, elle a décidé de l'engager, après, toutefois, un rodage en province. Grâce à elle, il obtient enfin un vrai premier contrat : trois semaines à L'Oasis de Calais.

CHAPITRE 4

LE JEU DE LA CHANCE

IV

Le 10 octobre 1969, Thierry Le Luron fait ses débuts sur les bords de la Manche à L'Oasis, établissement dirigé par les Pfeifer, couple dynamique et plutôt sympa qui le rémunère de cinquante francs quotidiens à partager avec son pianiste. L'accompagnateur, c'est Jean-Paul Ramette, un copain de Lakanal avec lequel il a fait quelques « galas » en amateur, autrement dit gratuitement, aussi les conditions calaisiennes ne paraissent-elles pas atroces. Chaque soir, ils assurent deux prestations devant un public de bourgeois – ce qui, à Calais, semble une évidence –, de voyageurs de commerce ou de célibataires esseulés, auprès desquels ils trouvent un accueil bienveillant.

Suzy Lebrun avait raison, en l'envoyant là, car c'est pour Thierry une première occasion de tester « en vrai » son numéro, de comprendre comment capter et maintenir l'intérêt des spectateurs, de faire ses classes, comme on dit. Passionnante au niveau du travail, l'expérience le sera moins sur le plan financier : persuadé d'avoir de nombreux autographes à signer, il fait tirer des paquets de photos de lui-même, laissant tout son cachet dans cet investissement qui s'avèrera à fonds perdu. Il aura cependant la consolation non négligeable d'avoir appris à réussir impeccablement, sur les conseils de

Mme Pfeifer, les croque-monsieur comme les croque-madame… Après une dernière coupe de champagne, il s'en retourne vers Paris avec Jean-Paul qui, affolé par l'énorme trou de son compte en banque, décide de s'orienter vers des activités plus rentables, le quittant à regret.

Rentré dans la capitale, il se précipite évidemment vers l'Échelle de Jacob, cette fois convaincu d'être engagé par Mme Lebrun, mais, son programme étant établi pour plusieurs semaines, elle lui demande de patienter encore, à son grand désarroi. Dans cette période de désœuvrement forcé, l'aubaine va surgir de façon inattendue grâce à une initiative de Huguette, sa maman, qui l'inscrit sans le lui dire au Jeu de la Chance, concours pour amateurs diffusé chaque dimanche après-midi sur la première chaîne dans l'émission *Télé-Dimanche* de Raymond Marcillac. Ce télé-crochet, ayant révélé Mireille Mathieu, popularisée en l'espace d'un instant, suscite désormais les espérances de tout ce que la France compte de vedettes en puissance, mais il faut, avant d'y être accepté, passer des éliminatoires auxquelles préside la redoutable Nanou Taddei. Lorsque Thierry se présente à la Maison de la Radio, on lui en refuse l'entrée sous le prétexte qu'il doit être âgé de 16 ans au moins. Il en a 17, mais n'a pas sur lui la carte d'identité permettant de prouver. La deuxième fois, il est en possession de ses papiers, mais arrive en retard. La troisième sera la bonne.

Dans un immense auditorium, les candidats se pressent par dizaines, obligés de faire en un temps extrêmement court la démonstration de leurs qualités, le verdict tombant par l'intermédiaire d'une voix venue d'une cabine invisible et résonnant dans les haut-parleurs. Les mains moites, les jambes flageolantes, Thierry attaque le grand « Air de la calomnie » du *Barbier de Séville,* parvient jusqu'à la fin sans être interrompu et, comme dans un nuage, entend retentir le mot magique : sélectionné ! Quelques jours plus tard, un télégraphiste sonne chez ses parents, lui remettant un message qui l'invite à se présenter au Studio 102 le dimanche 4 janvier 1970.

Il travaille comme un forcené, écoutant et réécoutant un vieux 78 tours d'Armand Mestral, puis, le dimanche fatidique arrivé, se retrouve, en compagnie de quatre autres concurrents, devant les caméras de la télévision française. Lorsque l'animateur Roger Lanzac constate qu'il va chanter *Le Barbier de Séville*, il s'étonne, remarquant qu'il faut pour cela une grosse voix, puis lui cède un micro dans lequel Thierry laisse éclater toute la puissance dont il est capable. Petit, mince, il est physiquement l'anti-chanteur de bel canto, mais cela n'empêche pas une voix d'une intensité et d'une efficacité redoutables, comme vont le démontrer les votes des téléspectateurs parvenant à l'ORTF sous forme de cartes postales. Semaine après semaine, le miracle se renouvelle, deux mois d'affilée, faisant de ce presque adolescent aux allures malicieuses le vainqueur absolu.

Dans les coulisses, souvent, il révèle son tempérament d'amuseur, provoquant l'hilarité générale en improvisant des textes pleins de finesse, et c'est ce qui donne à Raymond Marcillac l'idée de l'inviter pour une émission spéciale consacrée au soixante-dixième anniversaire de Jean Nohain. Jaboune, comme on le surnomme, a été l'une des plus grandes vedettes de la radio et de la télévision, et reste cher au cœur des Français, ce qui explique que le programme sera plus suivi que jamais. Saisissant l'occasion, Thierry Le Luron prépare un hommage à Nohain qu'il dit avec la voix de Jacques Chaban-Delmas, devenu entretemps Premier ministre, traçant ainsi sans le savoir la ligne directrice de son proche avenir.

Du fait, sans doute, de son succès au Jeu de la Chance, Suzy Lebrun se décide à l'engager enfin à l'Échelle de Jacob où, non content de faire son numéro, il intervient en outre comme présentateur du spectacle. Il y chante les chansons originales de ses modèles en copiant leur voix, une prestation amusante mais sans réelle innovation que Mme Lebrun lui conseille de modifier en adoptant des textes satiriques. Pour cela, il s'adresse à quatre personnes : Jean Lacroix, Patrick Font, Edmond Meunier et Jean Valton. Très vite, ce dernier, vexé de ne pas être l'unique auteur pressenti, se retire, signifiant sa démission dans une lettre assurant notamment : « Vous prenez le métier avec beaucoup de désinvolture. Je vous souhaite tout le bien possible, y compris celui de voir votre tête rentrer dans votre casquette. » Meunier ayant également renoncé, de façon plus aimable cependant, il ne reste en lice que Lacroix, et surtout Patrick Font, jeune chansonnier aux tendances anarchistes qui le poussent à frapper aussi fort à droite qu'à gauche. « Thierry, dit ce dernier, m'a demandé si je pouvais lui écrire un texte, de préférence une parodie d'Aznavour, "Les comédiens". Je commençais à découvrir ses talents d'imitateur et je n'ai pas vraiment réfléchi. J'ai foncé. [...] C'est vrai que nos humours et nos personnalités étaient opposés sur scène. Mais je peux vous affirmer qu'une fois le rideau tiré, nous étions d'accord sur l'essentiel. [...] En privé, Thierry me demandait toujours d'aller plus loin. Il acceptait tout et considérait qu'il ne devait pas y avoir de limites dans la liberté de pasticher tel ou tel artiste. »[14] Avec Font débute ainsi une collaboration de très longue durée.

Thierry a un nouvel auteur, il passe dans un cabaret de renom, gagne trente francs par soirée, il est heureux, même si, parfois, le public n'est pas au rendez-vous, ce qui l'oblige à faire travailler plus que jamais son imagination. « Si les spectateurs qui viennent dans des cabarets de ce genre sont en général des connaisseurs, cela ne veut pas dire qu'ils soient toujours très nombreux ; certains soirs, avouera-t-il, j'ai fait mon tour devant des salles presque vides. Un jour, ils n'étaient que six et, pour l'imitation de Johnny Hallyday, cela m'a posé quelques problèmes, surtout au moment où

14. Bernard Moncel, *Thierry Le Luron, l'inimitable imitateur,* Édition n°1, 1994.

j'essaie de susciter une ambiance d'hystérie générale. J'ai demandé à deux d'entre eux de se lever et de s'agiter, et aux quatre autres, restés assis, de crier. Ils l'ont fait de bonne grâce, et nous avons ainsi recréé un mini-Palais des Sports. »[15]

Terminant son travail vers deux heures du matin, il découvre la vie de la nuit, des soupers dans des bistrots qui ferment tardivement, des incursions dans les discothèques, toutes choses propres à une détente bienvenue après le stress provoqué par le trac, et il prend l'habitude de ne plus se coucher avant l'aube. « Impossible de faire autrement, dit-il : la tension nerveuse de la scène met des heures à se dissiper et vous empêche, dans la plupart des cas, de dormir. Pour en venir à bout, un seul moyen : traîner avec des amis dans une salle de restaurant ou de boîte de nuit pleine de lumières, de bruits, de rires, et retrouver une chaleur humaine après les appréhensions du début de soirée. On ne devient pas noctambule. On l'est par état de grâce. La nuit est une aventure immobile où tout peut arriver, le meilleur comme le pire. Sa seule règle est le plaisir de l'instant. Les élus de la nuit le sont pour les raisons les plus injustes du monde : le charme plus que la position sociale, l'humour plus que la culture, le sens de la fête plus que celui des réalités. »[16]

« Après une journée d'enregistrement et de tension nerveuse, après un gala en public, ajoute-t-il encore, rien ne me détend davantage que de faire le tour des boîtes de nuit. Ce que j'y aime ? Beaucoup de choses. Les gens d'abord, les contacts humains, la fête, puisqu'on est là pour la faire, l'abolition du temps : la nuit est un voyage au long cours dont les seuls récifs sont des verres, toujours renouvelés, et l'on ne sait jamais quelle heure il est. La nuit, c'est aussi l'aventure : tout peut arriver dans ce laps de temps sans obligation où l'on a laissé au vestiaire ses soucis, ses contrariétés, ses contraventions. Perte de temps ? Sûrement pas, à mon avis. Johnny Hallyday et Yves Mourousi sont comme moi des noctambules invétérés.

15. Jean-Pierre Mogui, *op. cit.* **16.** Thierry Le Luron et Guy Monréal, *op. cit.*

Et beaucoup de fans qui viennent d'applaudir Johnny, vêtu de cuir et ruisselant de sueur sur scène, seraient très étonnés de le voir entrer une heure plus tard, en flanelle grise de Cerruti, à l'Élysées-Matignon pour une fête que donnent Armel et Sophie Issartel, rejoint, peu après, par le très sérieux présentateur du journal télévisé, Yves Mourousi, vêtu de cuir et descendant de sa moto. »[17] Il adore « se noyer dans cette ambiance où toutes les barrières sociales sont abolies et où le PDG côtoie la pute à l'arrêt, le fils de famille, le travelo dont la barbe pousse, et les célébrités inaccessibles, les inconnus devenus frères d'un soir. [...] On peut m'objecter que vivre la nuit c'est compenser une solitude en s'entourant artificiellement d'autres solitudes. Je pense plutôt que c'est vouloir vivre plus intensément, grignoter des minutes éveillées sur la petite mort du sommeil, tenter d'avoir des journées de vingt-quatre heures, pousser la machine humaine à son maximum. »[18]

Il aime cette excentricité nocturne où seule règne la loi de l'instant, où l'on rencontre les personnages les plus inattendus dans une fête permanente, régie par une obscurité propice à l'exubérance comme aux confidences intimes, en compagnie de gens que l'on ne reverra peut-être jamais. Ces heures brûlées dans ce qu'on pourrait considérer comme une totale futilité, il y trouve, lui, l'opportunité de vivre intensément, de voler des moments au sommeil, ce temps inutile où l'on se croirait mort, de chauffer à blanc le moteur qui ronronne en lui.

L'autre moteur qu'il rêve de faire vrombir, c'est celui d'une automobile, pour laquelle il économise sou à sou, finissant par s'en offrir une l'année de ses 18 ans, passant enfin des Dinky Toys aux modèles grandeur nature. Une modeste Fiat 125 achetée d'occasion sera le premier carrosse de ce prince de la nuit, lui procurant à la fois de nombreuses contraventions et des sensations comme il n'en connaîtra jamais dans des véhicules infiniment plus luxueux. Fou de voitures, il roulera en Mercedes, en Jaguar, en Bentley, en Cadillac, et

---

17. *Ibid.* **18.** Thierry Le Luron et Guy Monréal, *op. cit.*

surtout en Rolls, soucieux de se déplacer dans un confort absolu et une splendeur correspondant à des goûts fastueux, mais n'oubliera jamais sa petite Fiat qui, pourtant, va l'abandonner un jour. Au mois de juillet 1970, après qu'on eut fait appel à lui pour quelques émissions de télévision, on lui propose une tournée d'été, la première de sa jeune carrière, et c'est un soir où il revient d'un gala dans le Médoc, en première partie de Nicoletta, qu'il est victime d'un accident. Il n'y a, par chance, aucun blessé, mais il va devoir continuer son périple en train, faute de moyens pour remplacer l'engin inutilisable.

Déjà, malgré son peu d'expérience et sa notoriété négligeable, il se montre exigeant sur les conditions de travail, au cours de ses pérégrinations estivales, comme le jour où, près de Toulouse, il fait un esclandre parce que la répétition prévue dans son contrat semble avoir été totalement ignorée par l'organisateur. Impressionné, le responsable indique un restaurant voisin où se trouve Jacques Lesage, pianiste de Suzanne Gabriello, qui, après avoir copieusement enragé de devoir écourter son repas, s'installe au clavier en maugréant. Thierry, alors, va se rendre compte que, si l'on a des revendications, mieux vaut être soi-même exemplaire, car lorsque le pianiste râleur demande ses orchestrations, il ne peut fournir que des petits formats du commerce où seule figure la mélodie. Fataliste, comme son nom l'indique, Lesage s'inquiète ensuite de savoir dans quelle tonalité il chante, question à laquelle le chatouilleux débutant est bien incapable de répondre. Ayant pris le parti d'improviser, il permettra à Thierry de bénéficier à la fois d'une bonne prestation et d'une excellente leçon.

«J'ai cherché partout, affolé, racontera-t-il. Je passais en bouche-trou du spectacle, mais il me fallait quand même un accompagnateur. Le rideau se levait à 21 heures. Je suis allé à 20 h 30 dans un restaurant où dînait Suzanne Gabriello, vedette de la soirée. Son pianiste mangeait avec elle. Très gentiment, elle a accepté de me le "prêter". Lui, ça ne faisait pas son affaire. J'interrompais son repas et, pour Lesage, la "bouffe" est une préoccupation essentielle. Il est quand même venu, bougonnant. Il a jeté un coup d'œil sur mes partitions, m'a engueulé parce que je n'avais pas d'orchestrations convenables, a plaqué trois accords sur le clavier et m'a dit : "Ça ira". Je n'étais pas tout à fait de son avis et, pour tout dire, assez angoissé, mais comme il aurait pu être mon père et que ses manières autoritaires m'impressionnaient, je n'ai fait aucun commentaire. Eh bien ! ça a été. À tel point qu'à la fin je lui ai demandé son adresse, au cas où j'aurais besoin de lui. Il m'a donné sa carte de visite comme il la donne à cent personnes dans l'année. Il ne pensait plus à moi, quelques mois plus tard, quand je l'ai relancé. »[19]

Devenu pianiste attitré de Thierry, Lesage, qui a été l'accompagnateur de nombreuses vedettes, et notamment d'Édith Piaf pendant plus de quatre ans, est impressionné par le talent naturel de ce tout jeune homme : « C'est un môme extraordinaire. [...] C'est l'être le plus doué que j'aie jamais rencontré. Il travaille très peu, par rapport à tous ceux que j'ai connus : Gloria Lasso, Félix Marten, ou même Tino Rossi. Mais, comme Édith Piaf, c'est un instinctif. Sans avoir appris, il sait d'avance ce qu'il faut faire. Comme elle, il pourrait présenter des choses d'un niveau très moyen : avec lui, elles prendraient du relief. »[20]

L'autre enseignement de ce fameux gala sera qu'il ne faut pas accorder une confiance aveugle aux imprésarios, car il apprendra par hasard, en discutant avec un membre du comité des fêtes, n'avoir touché que la moitié du cachet prévu, le reste étant allé dans la poche de son intermédiaire. Cela ne l'empêchera pas, plus tard, de connaître de nouveaux déboires, mais sans doute est-ce inhérent aux pratiques d'une époque… Poursuivant sa tournée aux côtés de Marcel Zanini, en pleine apothéose avec « Tu veux ou tu veux pas », de Julien Clerc, dont les « Jours entiers à t'aimer » enchantent

19. Jean-Pierre Mogui, *op. cit.* **20.** *Ibid.*

la France, de Joe Dassin, qui triomphe avec « L'Amérique », il est aussi interdit de télévision pendant six mois pour y avoir imité le général de Gaulle, qui a quitté le pouvoir depuis plus d'un an, en des termes jugés effrontés : « Mais oui, Chaban, je vous reçois cinq sur cinq ! Dites-nous : quand est-ce que Pompidou nous organise un référendum, histoire de rigoler un coup ? »

L'été fini, Thierry Le Luron fait sa rentrée au Don Camilo, le cabaret de la rue des Saints-Pères, tout en continuant à passer à l'Échelle de Jacob, mais aussi en se produisant à Bobino, l'un des plus célèbres music-halls parisiens, où il avait auditionné au mois de juin devant Félix Vitry, le directeur. Là, il occupe la scène durant douze minutes en lever de rideau de Pierre Perret, présenté par Les Frères Ennemis, dont l'humour décalé n'est pas toujours du meilleur tonneau. Pour l'annoncer, en effet, André Gaillard et Teddy Vrignault apparaissent déguisés en Indiens, lancent un lasso en coulisse, et Thierry arrive ligoté tandis qu'ils entament un dialogue calamiteux : « Qu'est-ce que tu ramènes ? / C'est le Huron. / C'est un Indien, alors ? / Mais non, ce n'est pas le Huron, mais Le Luron. C'est un imitateur et son nom, c'est Thierry Le Luron. Mesdames et Messieurs : Thierry Le Luron ! »

Bien qu'il y ait là de quoi provoquer un authentique fiasco, son numéro, dont la vedette essentielle reste Jacques Chaban-Delmas, remporte chaque soir un vrai succès, et les journaux commencent à lui consacrer des articles élogieux. Les douze minutes écoulées, il file à toute allure vers l'Échelle de Jacob et le théâtre de Dix Heures, ce qui l'oblige à prendre des risques physiques pour sillonner Paris et à pratiquer une véritable gymnastique intellectuelle. Le directeur du Dix Heures lui a fait signer, sans qu'il y prête attention, un contrat assurant l'exclusivité de son Chaban-Delmas, tandis que les propriétaires de Bobino et du Don Camilo ne veulent pas entendre parler d'autre chose, sachant que c'est précisément cela qui remplit leurs salles. Pour contourner la difficulté, il a donc mis au point trois « Chaban » différents.

« Incontestablement, remarque-t-il, quelque chose était en train de se passer. Ce que je faisais m'était tellement personnel que je n'en décelais pas l'originalité. C'était ma manière à moi de concevoir le spectacle. »[21] En analysant plus tranquillement ce style, on découvre en quoi il est nouveau car, en ce qui concerne l'imitation proprement dite, il a volontairement laissé de côté les artistes auxquels se consacraient ses confrères depuis bon nombre d'années. Sacha Guitry, Jean Gabin ou Michel Simon, qui constituaient leurs morceaux de bravoure, ont été écartés de son répertoire pour viser un champ beaucoup plus large, incluant notamment les politiques. D'autre part il travaille sur l'actualité du moment, profitant de toute information encore fraîche dans l'esprit du public pour la tourner en dérision, et ainsi attirer également ceux qui apprécient les chansonniers. Enfin, il présente la particularité d'être extrêmement jeune, ce qui ne manque pas de surprendre pour quelqu'un affichant une telle maturité.

Sans qu'il s'en aperçoive, Fernand Raynaud est venu le voir au Don Camilo, et, se rendant ensuite au New Jimmy's, la discothèque appartenant à Régine, ne tarit pas d'éloges sur le nouveau venu. Le lendemain, Régine appelle Thierry pour lui proposer de produire son prochain disque, mais il est déjà en discussion avec plusieurs imprésarios, ayant même quasiment décidé de conclure avec celui qui veillera bientôt sur ses destinées. Pas rancunière, elle lui ouvre les portes de sa boîte à la mode, où il va se régaler pendant des années à passer ses nuits.

S'ils deviennent très complices, il ne l'épargne cependant pas, incapable de retenir un bon mot dès qu'il lui saute à l'esprit, et, l'observant un soir en train de se déhancher sur la piste,

---

21. Thierry Le Luron et Guy Monréal, *op.cit.*

il lance à un voisin : « Vous avez vu : c'est twist ta gaine ! »[22] Il affirme aussi qu'elle « tient un grand nombre de boîtes de nuit jusqu'à une certaine heure. Après, ce sont les boîtes qui la tiennent. » Ou encore que, lorsqu'elle est montée sur une balance, dans une pharmacie, il en est ressorti un ticket mentionnant : « On est prié de se peser un par un. » Régine, par ailleurs, fait partie des gens qui l'intriguent : « Par quel bout prendre Régine ? Je ne sais. Parler de cet extraordinaire personnage que j'aime relève du parcours du combattant sur un champ de mines. À la moindre réticence à son talent, à ses succès, à sa réussite, l'une d'entre elles risque de vous exploser au visage, et quand Régine explose... J'avais connu à la grande époque du New Jimmy's, tous les soirs, des distributions éblouissantes réunissant Onassis, les Rothschild, entre cent autres célébrités. Entre deux danses, nous parlions à perdre haleine jusqu'à l'aube où, pour ranimer les bonnes volontés défaillantes, Régine improvisait vite fait un délicieux spaghetti tout en continuant à nous parler de son sujet favori : elle-même. Un sujet d'étonnement, de ravissement, de fascination constant : Régine est incontestablement le membre numéro un, et le plus actif, de son club de fans. »[23]

S'il passe ainsi des heures à s'amuser, il n'en continue pas moins à travailler d'arrache-pied, et son nom commence à grossir sur les affiches, ce qui attire à lui toutes sortes de gens prêts à planifier sa carrière. Tous lui font de mirifiques propositions, mais un seul ne lui parle pas tout de suite d'argent, et c'est celui-là qu'il choisit, l'emmenant voir ses parents pour conclure un contrat, puisqu'il est toujours mineur. « Ayant soigneusement dissimulé ses canines derrière son plus beau sourire, écrira Thierry, il les convainquit de me confier à lui jusqu'à ma majorité moyennant trente-cinq pour cent de mes gains. Il avait intérêt à me mettre sur le marché dans les plus brefs délais et à obtenir de son nouveau gagne-pain le meilleur rendement. »[24]

22. Allusion au tube de Chubby Checker *Let's Twist Again* !
23. 24. Thierry Le Luron et Guy Monréal, *op. cit.*

Paul Lederman, déjà imprésario de Claude François, devient donc aussi celui de Thierry Le Luron et, pour lui permettre de se perfectionner encore, l'inclut dans le Festival de la magie qu'il est en train d'organiser, le transformant pour cela en Festival de la magie et du rire. Les premières représentations ont lieu en décembre 1970 à l'Ancienne Belgique, le music-hall le plus réputé de Bruxelles, dont la particularité est que les spectateurs ne sont pas installés dans des fauteuils, mais autour de tables où ils boivent et mangent. Souvent, l'après-midi, à l'heure du thé, des artistes ont la désagréable surprise de voir leur prestation interrompue par un étonnant vacarme : celui des petites cuillers que de vieilles dames cognent contre leurs tasses pour manifester leur mécontentement. Dans cet endroit hors du commun, Thierry doit s'évertuer à amuser des Belges avec des caricatures d'hommes politiques français, autrement dit « en faire des tonnes » pour obtenir l'adhésion du public.

Adolph Benito Glandu, concierge rue de Bièvre !

3 juin 1976
Système 2 - Ring Parade
de Guy Lux
(Studio 102 - Maison de la Radio)

24 octobre 1979
Les Jardins de Beaubourg
de José Artur
(Bistrot Beaubourg)

1980
Thierry Le Luron avec sa maman, Huguette

1985
Avec Teddy, le fidèle Labrador

25 septembre 1985
Faux mariage à Montmartre avec Coluche, « pour le meilleur et pour le pire »

CHAPITRE 5

LE TRIOMPHE, DÉJÀ

V

Fort de son enseignement à l'Ancienne Belgique, il se prépare pour des scènes plus importantes, tandis que paraît son premier 45 tours, *Le ministère patraque*. L'idée vient de Jean Lacroix, auteur de cette parodie sur l'air du fameux «Je n' suis pas bien portant» chanté par Ouvrard, et c'est Thierry qui décide de l'interpréter avec la voix de Chaban-Delmas, Ouvrard appartenant, pour quelqu'un de sa génération, au rayon des antiquités. Prudemment, une quantité limitée est mise dans les bacs et, dans la mesure où elle est rapidement achetée, la demande est incessante auprès des disquaires, qui bombardent de commandes le service commercial de Pathé Marconi. En sept mois, *Le ministère patraque*, dont la face B s'intitule «La chabanisation», sur un texte de Jean Amadou et Francis Weber, se vend à six cent mille exemplaires, chiffre qui prête à rêver aujourd'hui, à une époque où plus aucun disque, fût-il celui d'une star, ne connaît une aussi longue carrière.

Tout cela, comme il se doit, éveille l'intérêt de Bruno Coquatrix, propriétaire de l'Olympia, qui l'engage du 9 au 21 mars 1971 en vedette anglaise de Rika Zaraï, la vedette américaine étant Jean-François Michaël… Curieux langage que celui du spectacle, surtout pour un programme dont

« l'Anglaise » et « l'Américaine » sont bien français, tandis que la vedette tout court est israélienne. « Qu'est-ce qu'une vedette américaine ? analyse pour sa part Thierry. C'est en général un artiste qui vient d'éclater, dont on a beaucoup parlé récemment, qui est capable de faire un appoint de spectateurs et qui ne coûte pas le prix de la vedette. Le destin de la vedette américaine est de devenir vedette elle-même au bout de six mois à un an, délai au-delà duquel, si elle n'a pas réussi à s'imposer, ses chances deviennent aléatoires. À part quelques exemples célèbres comme Nicole Croisille ou Charles Aznavour, qui ont attendu assez longtemps la consécration, la chose se vérifie tout le temps. »[25]

Quoi qu'il en soit, la démesure dont il a dû faire preuve à l'Ancienne Belgique porte ses fruits quand vient le moment de monter sur la scène du boulevard des Capucines, et il a vite fait d'emporter l'adhésion du public, au point que Zaraï et Michaël sont oubliés par la critique. Le lendemain matin, Remo Forlani s'écrie, au micro de RTL, qu'une étoile est née, tandis que *France-Soir* assure que son numéro « n'a pas fini de valoir des triomphes » à ce « minet rêvé par toutes les filles à marier, avec la perspective d'embrasser en même temps Adamo, Barrière, Aznavour, Johnny Hallyday... et M. Chaban-Delmas, puisque ce petit prodige est tous ces héros à la fois. »

Consacrant l'essentiel de son article à Thierry, « un cas sans précédent », *L'Humanité* accorde sept lignes à peine à Rika Zaraï, puis, dans *L'Express,* Danièle Heymann, peu réputée pour son indulgence, écrit : « Pour Thierry Le Luron, imitation rime non pas avec déception, mais avec révélation. En imitant le Premier ministre, ce jeune homme dont on parle tant est devenu, en quelques mois, le caméléon préféré du Tout-Paris. » Et dans *Paris Match*, on peut lire : « Un des grands moments de la soirée, c'est le tour de chant de Thierry Le Luron. Imitateur au talent fou, ce gamin de 18 ans fait un "tabac" tous les soirs. »

25. Thierry Le Luron et Guy Monréal, *op. cit.*

Toutes ces critiques sont la constatation d'une sorte de révolution sur la scène comique française car, si Thierry est excellent au plan vocal, il renouvelle le genre en y ajoutant la caricature physique, ayant impitoyablement repéré les tics de ses modèles, qu'il reproduit en les amplifiant. Il est aussi le premier à s'attaquer avec férocité au monde politique, que les chansonniers, jusque-là, se limitaient à égratigner. Bref, il apporte à l'imitation ses lettres de noblesse en recourant à ce qui deviendra sa caractéristique essentielle : l'impertinence, et ceux qui considèrent déjà ses textes comme très osés n'ont encore rien vu… Dans l'ombre, Paul Lederman va s'employer à faire fructifier le choc Thierry Le Luron.

Après ce triomphe à l'Olympia paraît son premier 33 tours, simplement intitulé *Olympia 71* et qui reprend l'intégralité de son show. En fait d'Olympia, le disque a été enregistré trois mois auparavant à l'Ancienne Belgique et cinq mois plus tôt à Bobino, cette supercherie étant motivée par des raisons pratiques, dans la mesure où il faut trois semaines au moins pour assurer le pressage et la mise en stock. « Il ne s'agit pas d'escroquerie, se défendra Thierry. On a le droit de faire ce tour de passe-passe quand il s'agit du tour que l'on donne effectivement aux spectateurs de l'Olympia. [...] Pour qu'il sorte au moment de la première et qu'il ait son maximum d'impact, il faut procéder de cette façon. » [26] Le résultat, en tout cas, sera plus qu'à la hauteur de ses espérances, avec trois cent mille exemplaires vendus, tandis que les radios en programment des extraits à tour de bras.

Le 5 mai 1971, Thierry remporte un autre succès, à la télévision cette fois, en participant à *Tempo,* émission de Michèle Arnaud conçue comme un magazine de variétés, où Jacques Chancel, Michel Lancelot et Michel Drucker reçoivent chacun un invité, tandis que les chorégraphies sont élaborées par Madly Bamy, la future compagne de Jacques Brel. Ce jour-là, sur l'écran en noir et blanc, vêtu d'un costume

26. Thierry Le Luron et Guy Monréal, *op. cit.*

sombre, arborant un sourire timide, il se livre à quelques imitations avant de se confier sur ses origines et son milieu familial. Après que Drucker l'a présenté comme la nouvelle grande vedette que les organisateurs de galas s'arrachent dans toute la France, il imite Paulette Merval et Marcel Merkès, Charles Aznavour, Françoise Hardy – « avec un orchestre derrière moi, on ne m'entend pas » –, Guy Béart, Alain Barrière, Adamo, terminant par Jacques Chaban-Delmas. Et lorsqu'on lui demande s'il a conscience d'avoir brûlé les étapes, il répond modestement : « Je ne connais pas bien encore ce métier, mais il paraît que c'est quelque chose d'assez rapide ; j'espère que ce ne sera pas un feu de paille. » À l'issue de cette prestation, les sondages donnent des chiffres étonnants : cinquante-cinq pour cent d'écoute et quatre-vingt-onze d'indice de satisfaction, résultat qui suscite l'intérêt de Jacqueline Baudrier, directrice de la première chaîne, avec laquelle il va bientôt élaborer un projet dont la France n'aura qu'à se réjouir.

En attendant, il apparaît en tant que vedette au fronton de Bobino où, pour la première fois, un imitateur devient tête d'affiche. Il a 20 ans à peine et, déjà superstitieux, décide de reprendre rue de la Gaîté la petite loge qu'il avait occupée lors de son passage en lever de rideau. « On ne prend jamais assez de précautions avec la chance, dit-il. Ce qu'on appelle le vedettariat, c'est une situation professionnelle à laquelle on n'accède qu'après une initiation digne des loges maçonniques, après avoir franchi les obstacles, essuyé le feu du public de province, fait ses preuves. Être vedette, c'est un aboutissement auquel nous tenons, car il ouvre tout grand les portes de la radio, des journaux, des télévisions. À cette altitude, si l'air raréfié a un effet euphorisant, dans le même temps, on ne peut s'empêcher d'éprouver l'angoisse du vide : quand on débute, on a l'espoir d'être vedette, mais quand on l'est, on n'a plus que la volonté passionnée et désespérée de le rester, ce qui peut être plus difficile. »[27]

27. Thierry Le Luron et Guy Monréal, *op. cit.*

« Ma projection dans le monde du show-business a été si brutale, si rapide, si inattendue, dit-il encore, que je suis finalement épaté de côtoyer ceux qui ont été les idoles de ma jeunesse toute proche. S'il est vrai que parfois, quand on rencontre une vedette, le charme s'évapore, par contre les vrais, les authentiques, les grands, gagnent à être connus. Je l'ai vérifié par exemple avec Charles Trenet, Gilbert Bécaud, Charles Aznavour. Il faut que je m'habitue à comprendre que je ne suis pas un admirateur de plus, mais un des leurs. En fait, je suis resté très "public" dans l'âme, c'est peut-être pourquoi ce métier continue d'exercer sur moi un tel envoûtement. »[28]

Déjà, pourtant, il récolte lui-même les témoignages d'intérêt d'un certain nombre de fans. Tous les mercredis, deux petites jeunes filles très sages portant des robes bleues, des foulards bleus et des pull-overs bleus viennent sonner à sa porte pour lui rendre une visite amicale. Il reçoit aussi régulièrement des colis de vieilles filles du Nord qui lui adressent… des chewing-gums Malabar et des objets anciens qu'il juge « d'une laideur à faire tourner de l'œil l'antiquaire le moins compétent ». Une autre le submerge de chocolats achetés chez Carette, une excitée lui décrit dans d'interminables courriers ses fantasmes sexuels avec une grande précision, et on lui envoie en outre des poèmes ou, évidemment, des lettres d'amour. Tout cela l'étonne, et il considère son cas comme marginal dans la mesure où, puisqu'il n'a jamais enregistré de chansons d'amour, on ne se procure ses disques que pour rire et s'amuser. « Quand on écoute Johnny Hallyday, considère-t-il, c'est pour se rappeler un amour d'été, ou parce qu'il raconte une liaison qui est en train de se réaliser. Je crois les gens extrêmement touchés par les chanteurs, car ils chantent des choses qui ressemblent à la vie réelle, des choses qui sont arrivées, qui vont arriver ou qui peuvent arriver, et si je plais aux mêmes gens, c'est pour d'autres raisons. Peut-être à cause de mon physique de "petit jeune homme bien habillé avec

28. *Ibid.*

les cheveux pas trop longs". C'est vrai que c'est plutôt original de nos jours... Et si je sais que les mères voudraient m'avoir volontiers pour gendre ou pour fils, je ne suis pas sûr que les filles veuillent m'avoir pour fiancé. Celles à qui je plais sont d'ailleurs toujours des filles "bon genre", à la limite un peu vieille France. Les autres, c'est devant Johnny ou Sardou qu'elles "flippent". »[29]

Il y a en tout cas des gens qui « flippent » aussi pour lui, comme va le prouver son passage à Bobino, où, engagé pour trois semaines, il va finalement rester deux mois, durant lesquels est enregistré son deuxième 33 tours : *Bobino en public,* qui, phénomène incroyable, rejoint rapidement le sommet du hit-parade et se voit récompenser par un prix de l'académie Charles-Cros. Consacré, il côtoie désormais ses pairs, ébloui de discuter d'égal à égal avec ceux qui ont été les idoles de son adolescence, et c'est d'ailleurs avec une partie d'entre eux qu'il célèbre son vingtième anniversaire à l'Alcazar, dans une fête somptueuse à laquelle sont invitées cinq cents personnes.

Là, Jean-Marie Rivière, le maître des lieux, lui a réservé une surprise en modifiant à sa façon l'habituel tableau parodique du bordel. À la caisse se trouve Luc Fournol, photographe à *Jours de France,* déguisé en matrone, Régine à ses côtés, tandis qu'un grand nombre de copains et de célébrités occupent la banquette des clients. À cette occasion, Régine lui offre un porte-billets de chez Hermès, assorti d'un conseil qu'il s'empressera de suivre et qu'il gardera à l'esprit toute sa vie : « Que ce porte-billets ne t'empêche pas de jeter ton argent par mes fenêtres ! »

L'été venu, il part en tournée avec Claude François, dont il sera la vedette « américaine », et envers lequel il se montre très admiratif pour de nombreuses raisons, notamment le soin qu'il accorde à son apparence physique et le fait que, même si le spectacle a été triomphal, il n'est presque jamais satisfait.

29. Thierry Le Luron et Guy Monréal, *op. cit.*

De cet aîné au succès insolent, il retiendra quelques leçons, mais pas uniquement les meilleures. En effet, il va souvent se révéler tout aussi intransigeant et emporté que Cloclo, un défaut que, d'ailleurs, il reconnaît volontiers : « J'ai toujours été coléreux, je peux même être parfois franchement désagréable, au bord de l'insulte. Mais je n'ai aucune rancune, la seconde d'après c'est oublié. Tous les gens qui travaillent avec moi, au son, à la lumière, prennent des calmants. Mon régisseur marche en permanence au Décontractyl et moi j'ai découvert un médicament idéal, les bêtabloquants, qui apaisent le système sympathique. Quand je monte un spectacle, je suis odieux, presque sadique, parce que je ne supporte pas que l'on ne partage pas le même enthousiasme que moi. »[30] Mais dans tous les cas, il prend soin, ensuite, de se faire pardonner autour d'une bonne table où trônent les vins les plus fins, comme le fait régulièrement Cloclo lui-même. « Tel était le personnage Claude François, s'émerveille Thierry, décrivant presque celui qu'il deviendra lui-même plus tard : chaleureux, star, brillant, raffiné dans ses goûts, intelligent, généreux. Il entretenait tous les soirs une cour de vingt personnes, solitaire, mais toujours entouré, présent mais fuyant, une authentique personnalité du show-business. »[31]

Tout en entamant à partir de la rentrée son nouveau passage au théâtre des Variétés, Thierry se met à préparer une émission de télévision, concrétisant le projet évoqué avec Jacqueline Baudrier. Faisant appel pour cela à une bande de copains réputés pour leur sens de la plaisanterie parfois déraisonnable, il les réunit le mercredi, jour où, à l'Élysée, se tient le Conseil des ministres, dont il veut ainsi créer le pendant humoristique. Leur mission : concevoir un magazine qui, entre deux séquences de variétés, moquera sans retenue l'actualité, programme dont ils vont s'acquitter avec tout le zèle requis. Chaque semaine, les effrontés se retrouvent donc chez lui l'après-midi, rue Saint-Jacques, autour d'une table couverte de gâteaux, pour brasser les idées les plus extravagantes qui,

30. Bernard Mabille, *Il m'appelait Maboule...*, Seghers, 1987.
31. Thierry Le Luron et Guy Monréal, *op. cit.*

le dimanche venu, feront hurler de rire les spectateurs. À ce joyeux désordre, Thierry ne met aucune barrière, se limitant à noter les suggestions de 1 à 10 afin de ne garder que les meilleures, et chacun se sent libre d'élucubrer à sa guise.

Les protagonistes de ce foisonnement incontrôlé sont tous des fournisseurs de gags, calembours et facéties en tous genres qui, travaillant avec rigueur lorsque c'est nécessaire, évitent soigneusement de se prendre au sérieux pour autant. Il y a là Patrick Font, qui avait écrit certains des premiers textes de Thierry, Jacques Collard, restaurateur et auteur de l'adaptation française de la comédie musicale *Hello, Dolly !*, Green et Lejeune, pensionnaires du théâtre de Dix Heures, Jean-Pierre Mogui, journaliste au *Figaro,* ou encore le photographe François Roboth. Quand débute *Le Luron du dimanche*, une heure et demie chaque semaine à partir de midi trente, le dynamitage commence par un implacable déchiquetage de l'actualité, étonnamment désinvolte pour une époque où la censure montre volontiers ses ciseaux. L'escadron de l'insolence s'amuse tellement lui-même, en divertissant la France, qu'il n'a aucune conscience des limites à respecter, et c'est ce qui va faire le succès ininterrompu de cette émission jusqu'à l'été 1973.

Quand les compères manquent d'inspiration, ce qui est rare, il leur suffit de prononcer trois noms pour obtenir des résultats quasi magiques et relancer une intense jubilation : Alice Sapritch, Régine, Jacques Chazot. Tous sont des amis, mais tous sont également leurs têtes de Turc préférées, et, comme dit Thierry, « depuis le temps que tout le monde tire à boulets rouges sur ces trois-là, c'est un miracle de les voir en si bonne santé ! » De Sapritch, ils assurent ainsi qu'elle a décidé de donner son corps à la science, mais que la science a refusé. À propos de Régine, ils déclarent qu'elle est partie pour le Sinaï afin d'apporter son soutien aux Israéliens, ce qui réjouit les Palestiniens, car ils n'ont plus besoin, pour viser, de fusils à lunettes... Quant à Jacques Chazot, ils écrivent à son propos un sketch où, incarné par Olivier Lejeune, il demande à une cartomancienne quel est son type de femme et s'entend répondre : « Je vois bien un type, mais je ne vois pas de femme. » Et encore, ils ne gardent que leurs idées les plus inoffensives, les autres étant susceptibles de leur attirer des procès retentissants !

Les hommes politiques, bien sûr, font également partie de leurs victimes, notamment Edgar Faure, récemment élu président de l'Assemblée nationale et accédant ainsi au siège surélevé que l'on nomme familièrement le perchoir. De là à l'imaginer comme un perroquet, il n'y a qu'un pas, qu'ils s'empressent de franchir, créant une parodie où de faux débats parlementaires sont commentés par un authentique volatile répétant à tout bout de champ : « Edgar est content ». Entrant un soir au *Chamarré,* le restaurant de Jacques Collard, Thierry s'y trouve justement en présence du président, qui, après l'avoir dévisagé un instant, s'écrie dans un grand sourire : « Edgar est content ».

Le courrier arrive par sacs entiers, exprimant la joie des téléspectateurs, mais vient le moment où, malgré des indices d'écoute et de satisfaction particulièrement élevés, il faut mettre un terme au *Luron du dimanche* et chacun se dirige vers d'autres horizons tandis que Thierry, concrétisant l'un de ses vieux rêves, enregistre un disque d'opérette. Après avoir repris les succès du genre, il continue sa diversification en tenant pour le tricentenaire de Molière, à Amboise et à Pézenas, le rôle de Trissotin dans *Les femmes savantes,* éprouvant un grand plaisir à jouer ainsi la comédie, puis il retrouve les studios d'Europe 1 pour une nouvelle émission, *Le Luron d'Europe 1.* Dans le même temps, Bruno Coquatrix ayant refusé de l'engager à l'Olympia, il s'adresse à Jean-Michel Rouzières, le directeur du théâtre des Variétés, où, prévu pour trente représentations, il restera finalement, de prolongation en prolongation, près de quatre mois.

Réformé du service militaire pour cause de pneumopathie virale, il est traité de déserteur par certains journaux, ce qui ne l'empêche pas d'être invité le 12 février 1974 à l'Élysée par le président Pompidou pour y faire son numéro devant les membres du gouvernement, dont certains ont parfois été ses victimes. Élu président de la République en 1969, Georges Pompidou est alors dans un état de santé critique. Atteint depuis plusieurs années de la maladie de Waldenström, une sorte de cancer du sang, de leucémie à évolution lente, il veut continuer à vivre comme si de rien n'était, et surtout donner le change face aux rumeurs les plus folles qui courent depuis plusieurs mois. Sur toutes les photos où il apparaît, on peut constater un visage bouffi, une mine blafarde, mais aucun communiqué officiel ne vient confirmer ou infirmer ce dont tout le monde se doute. Tout ce qui concerne sa forme déclinante est un sujet tabou, et l'Élysée pratique dans toute la mesure du possible la rétention d'images et d'informations à l'égard des médias. Il est quasiment interdit d'évoquer la gravité de sa condition, que l'on attribue à des « grippes à répétition » et dont seul *Le Canard enchaîné* ose se faire l'écho. Selon certains, Georges Pompidou aurait déjà été averti de sa maladie au moment de sa victoire à l'élection présidentielle, ce qui pose des questions quant à la franchise des hommes politiques sur leur état de santé, comme ce sera à nouveau le cas en ce qui concerne François Mitterrand.

C'est une époque où, ayant délégué de plus en plus de tâches, il se consacre essentiellement à la politique étrangère, et où il apparaît fatigué, grossi, la démarche hésitante et ayant parfois du mal à s'exprimer. Ses rendez-vous sont moins nombreux, et, s'il veut donner le change, certains s'activent en coulisse, prêts à essayer de prendre sa succession l'instant fatal venu. Peut-être est-ce pour cela qu'il décide, ignorant sans doute encore qu'il disparaîtra trois semaines plus tard, de faire illusion en organisant à l'Élysée une soirée placée sous le signe du rire, où il se permettra même un trait d'humour faussement détaché : « Mesdames, monsieur le Premier ministre, Messieurs du gouvernement, Messieurs les hauts fonctionnaires, je bois à votre santé et, suivant la tradition auvergnate, je bois également à ma propre santé. J'ai d'ailleurs été très touché de l'intérêt de ceux qui s'en sont inquiétés ces jours derniers. »

À l'issue du dîner, dans la salle des fêtes, voici donc Thierry en train de lancer ses imitations en guise de dessert. Après avoir incarné Charles Aznavour, Dalida ou Brigitte Bardot, il passe au rayon politique, déclarant avec la voix de Chaban-Delmas : « Je vois qu'à part quelques ministres, les meubles n'ont pas changé. Comme quoi on peut changer le décor sans changer de style. » Puis, parodiant François Mitterrand, il lui fait dire : « Je suis venu reconnaître les lieux. » Enfin, il s'amuse aux dépens de Valéry Giscard d'Estaing, le ministre des Finances, qui se trouve assis face à lui et qui, blagueur, demande ensuite, arrondissant la bouche : « Là, c'est vous qui parlez ou c'est moi ? » On pourrait presque se poser la question sérieusement, et l'on s'interroge sur le déclencheur de ces imitations, interrogation à laquelle il ne peut vraiment répondre. « Ça vient comme ça, dit-il. En voiture, chez moi, en écoutant la radio ou en regardant la télévision. En chahutant avec des copains, ou encore quand j'ai bu du bordeaux. Un seul verre de vin rouge me rend euphorique. J'accroche sur une phrase, sur un tic. Ensuite, la voix vient toute seule. Parfois je n'y pense plus et elle s'impose à moi plusieurs mois après. Quand j'ai la voix, j'écoute des disques et je regarde ma "victime" à la télé. Mais je ne cherche pas systématiquement à la voir. Je suis exactement comme le spectateur moyen, frappé par certains gestes caractéristiques. Je ne retiens que ceux-là. [...] Ce qu'il y a de curieux, c'est que, pour certains chanteurs, je ne peux les imiter, tout au moins la première fois, que dans une chanson bien définie. »[32]

Georges Pompidou décède alors que Thierry fête ses 22 ans au *Chamarré,* et, en mai 1974, ce même Giscard d'Estaing

32. Jean-Pierre Mogui, *op. cit.*

est élu président de la République, ce qui donne à Paul Lederman l'idée d'un « coup » publicitaire : faire de Le Luron un candidat à la prochaine élection, celle de 1981. Séduit par cette facétie, Thierry est tout à fait prêt à la concrétiser, mais en 1975, après une tournée d'été avec Coluche, il mettra fin à son contrat avec l'imprésario, qu'il n'appellera dès lors plus que « Les dents de la mer » et dont il assurera : « Je lui ai toujours dit "vous" parce qu'il me prenait tellement d'argent que j'avais l'impression qu'il était plusieurs. »

Désormais, il se veut seul responsable de ses destinées. « C'est dans mon tempérament d'agir, précise-t-il, de prendre des initiatives, de décider pour moi. [...] Chaque fois que je voulais m'intéresser à ma carrière, je m'entendais dire : "Ne vous occupez de rien". »[33] « On organisait tout pour moi, affirme-t-il encore. Je n'avais qu'à suivre l'emploi du temps qu'on m'établissait à la minute près. Je ne me suis pas rendu compte de ce qui m'arrivait vraiment.

Petit à petit, je n'étais plus maître de moi, de mon temps, de mes idées. Je ne faisais pas les disques que j'avais envie de faire. Totalement pris en charge, je me suis laissé aller. Je me levais de plus en plus tard. Et puis, un matin, j'ai eu envie de redevenir responsable de moi-même. J'ai rompu mon contrat avec mon imprésario. Depuis, je m'occupe de tout. Je travaille toujours mes textes avec Patrick Font, [...] Mais j'enregistre quand je le veux. »[34] Lederman, lui, gardera son projet de candidature présidentielle pour, le moment venu, le concrétiser avec Coluche.

Après avoir animé sur RMC *Le Luron de l'été*, Thierry accepte la proposition de Jean-Laurent Cochet d'être acteur dans *Chat en poche,* de Feydeau, pour l'émission de télévision *Au théâtre ce soir,* pièce qu'il joue ensuite pendant un mois au théâtre Edouard VII pour le simple plaisir, avec un cachet

33. *Télépoche*, 3 janvier 1978. **34.** *Jours de France,* août 1977.

minime. Mais si l'on en croit certains témoins, la vie qu'il mène à cette époque n'est pas faite que de labeur, et il n'est pas forcément, la nuit, le jeune homme sage que l'on côtoie le jour. On le voit souvent au 7, le club *gay* à la mode, tandis qu'il tâte de la drogue : « J'ai pris des joints de hash ou d'herbe, de la coke et même de l'héroïne quelquefois, dit-il dans une interview où il se déclare "particulièrement ouvert à toute expérience et rétif aux leçons de morale en matière de mœurs", mais je n'ai pas aimé. La défonce, je connais très bien. J'ai trouvé ça pas mal, mais il faut de la volonté pour résister à la force pernicieuse de la drogue : l'accoutumance. Grâce au ciel, je ne suis pas accro. » [35]

« La coke, confie-t-il encore, c'est plutôt agréable. Sur le moment, on a davantage envie de parler, on est beaucoup plus communicatif. Des tas de gens se sont défoncés pour créer. André Malraux était un adepte de l'opium. Cocteau aussi. Tous les peintres de Montparnasse sniffaient. » [36] L'alcool fait également partie de son quotidien : « J'ai une lourde hérédité dans ce domaine. Ma grand-mère paternelle est morte à 62 ans d'une cirrhose du foie. Elle était alcoolique. Mon père et ma mère ne boivent pas. Moi, au contraire, j'aime boire ! Le rouge, le whisky, le champagne, la vodka. » [37]

35. *Libération,* 24 décembre 1984. **36. 37.** *Femme actuelle,* juillet 1994.

CHAPITRE 6

LA FOLIE DES GRANDEURS

VI

Durant l'été 1975, pendant sa tournée, Thierry croise Serge Lama, à qui il dit son envie de faire sa rentrée à Paris, mais en même temps la nécessité de roder de nouvelles imitations avec des textes inédits, et le chanteur, qui a passé dix-huit mois au Don Camilo, lui suggère ce cabaret. Ayant obtenu un contrat auprès de Jean Vergnes, il est donc de retour en septembre dans ce lieu où il avait séjourné quelques semaines longtemps auparavant et qu'il aime bien. « Le Don Camilo, dit-il, est un ravissant cabaret-théâtre de deux cent vingt places où l'on dîne relativement cher – en fait, le prix d'un excellent restaurant – mais où, en plus du dîner, on vous offre un vrai spectacle de music-hall. De très grandes vedettes comme Charles Trenet, Serge Lama, Georges Moustaki, Serge Reggiani et Jacques Martin y étaient passées, pour la bonne raison que c'est le seul établissement de ce genre à payer un prix convenable des vedettes. Je ne voyais donc aucun inconvénient à m'y produire, d'autant plus qu'il se situe à deux cents mètres à peine de mon appartement et que mon contrat stipulait que je pourrais m'en absenter chaque fois que je devrais faire un gala.

Ce qui me permit, pendant les quelques mois où j'y restais, d'aller donner des représentations aussi bien à Istanbul devant un séminaire d'affaires à l'hôtel *Sheraton,* qu'à Cannes, Monte-Carlo ou Clermont-Ferrand. Il m'arrivait même parfois de passer devant des publics composés moitié de Français, moitié d'étrangers que leur méconnaissance de la langue française et des personnalités publiques que j'imitais n'empêchait pas d'applaudir. Un excellent baromètre : ce qu'ils applaudissaient, c'était avant tout l'énergie qui m'animait en scène. Un test précieux. Au Don Camilo, je me sentais bien. J'y avais fait mes débuts et j'étais un peu l'enfant de la maison. Il se crée dans une salle de dimensions assez réduites, toutes proportions gardées, entre le public et l'artiste qui ne sont séparés que par une rampe modeste et une très petite distance, une ambiance chaleureuse. Le grand avantage de ma prestation dans ce cabaret était que, soir après soir, je pouvais tester directement sur le public de nouvelles imitations, de nouveaux textes, de nouveaux gags, et ce, à l'abri de toutes critiques. Quitte à supprimer celles qui n'atteignaient pas leur but pour ne conserver que les plus efficaces. Si bien qu'au Don Camilo c'est, sans que personne n'en ait vraiment conscience, à une sorte de longue répétition générale que j'ai procédé là. »[38]

À l'abri de la critique… rien n'est moins sûr. Délaissant en effet pour un soir ses habituelles incursions à l'Olympia, Bernard Mabille, journaliste au *Quotidien de Paris* et aux *Nouvelles Littéraires*, se rend au Don Camilo, et, n'ayant pas aimé la représentation, il écrit le lendemain un article acerbe se résumant ainsi : « Une catastrophe. Il décuple les effets, force les personnages, pousse la caricature. Aujourd'hui Julien Clerc bêle, Françoise Hardy hulule, Claude François grimace, Chaban lui-même a mué, Giscard et Mitterrand semblent imiter leurs imitateurs. »[39] « Je trouvais ce qu'il faisait un peu

38. Thierry Le Luron et Guy Monréal, *op. cit.*
39. Bernard Mabille, *op. cit.*

nul, dira-t-il ensuite, Ce n'était pas ma tasse de thé. »[40] Révélant son tempérament volcanique, Thierry fait alors rayer Mabille de la liste des invités à ses spectacles, geste puéril, probablement motivé par le fait qu'il décèle dans cet article quelques vérités, mais qui lui procure un soulagement passager.

Sans doute ne s'est-il pas encore créé une philosophie à l'égard des journalistes, lui qui affirmera : « S'il y a un droit bien sacré, c'est celui de la presse, et en particulier celui de la critique. Parler des gens célèbres qui font l'événement, c'est la raison d'être de la presse pour vendre ses journaux et exister. Par ailleurs, c'est ce que le public réclame. Qu'un journaliste n'aime pas votre spectacle, et la critique n'est jamais très agréable, c'est son droit le plus absolu. On peut se consoler en se disant que l'important, c'est que l'on parle de vous, et, après tout, je n'ai jamais entendu quelqu'un se plaindre d'être encensé ! Que la presse serait ennuyeuse si tout le monde était du même avis ! »[41] Mabille, pourtant, a parlé de lui en exerçant ce privilège... Leurs relations, toutefois, n'en sont qu'à leur commencement.

Aussi énervant soit-il pour l'intéressé, le jugement du journaliste n'est pas faux, mais simplement objectif car, même si Thierry continue à être choyé par la télévision, notamment lors d'un *Numéro 1* spécial de Maritie et Gilbert Carpentier, bien des observateurs l'estiment sur le déclin. C'est l'époque où Yves Mourousi, jamais à court d'idées, a installé dans les jardins des Tuileries un vaste chapiteau où, dans une ambiance de nouba revue par le Tout-Paris, l'on peut dîner, boire un verre et applaudir une vedette. Des stars s'y produisent, entre autres Tino Rossi, qui chante devant six mille spectateurs, Claude François, qui y donne son dernier concert parisien, et Thierry décide d'aller à son tour y affronter la foule.

---

40. Pascal Djemaa, en collaboration avec Jacques Collard, *Mémoire de Thierry Le Luron*, Autres Temps, 2006.
41. Thierry Le Luron et Guy Monréal, *op. cit.*

Pour cela, il va prendre des risques importants, choisissant de louer pour une unique représentation le fameux chapiteau où la fête bat son plein chaque nuit, projet que certains pensent suicidaire. Financièrement, il s'engage dans une opération audacieuse, contraint de payer en outre un orchestre de dix-huit musiciens, des techniciens, la Sécurité sociale, les taxes, ainsi que tous les frais de promotion, notamment un abondant affichage. Mais l'enjeu est avant tout artistique, car il lui faut prouver, à un moment où on le considère sur une pente descendante, sa capacité à renouveler son répertoire de façon indiscutable, une question essentielle restant posée : le public sera-t-il au rendez-vous ?

Afin de se préparer, il répète pendant une semaine à la Taverne de l'Olympia, au sous-sol du music-hall, puis, dans une extrême nervosité, voit arriver le grand soir de sa rentrée parisienne. Tout commence mal : il souffre d'une extinction de voix et son costume de scène n'est livré chez lui qu'au moment où le spectacle est censé débuter. C'est donc furieux et mal en point qu'il parvient dans les coulisses, d'une humeur de chien, avec une demi-heure de retard, ce qui fera écrire au critique du *Figaro* qu'il devrait se montrer apte à imiter aussi bien les pendules que les vedettes ou les politiciens... Là, rongé par le trac, il escamote les paroles de sa chanson d'entrée, puis il se jette à l'eau, égratignant, entre autres, pour la première fois Line Renaud, dont il parodie la descente d'escalier au Casino de Paris, déclarant : « Je remercie les ouvrières qui m'ont aidé à enfiler ma robe et l'entreprise de maçonnerie qui a créé mon maquillage. Ce soir, c'est l'anniversaire de Loulou, je ne vous dirai pas son âge, mais ce que je peux vous dire, c'est que les bougies coûtent plus cher que le gâteau ! » Ce n'est pas gentil, mais ses railleries sont plutôt bien acceptées par ses victimes. « Je n'ai eu de problèmes, assurera-t-il, qu'avec ceux qui se prennent très au sérieux. Les autres, ceux qui ont le sens de l'humour, savent qu'il est flatteur d'être imité, que cela prouve qu'on est un personnage, et, comme je n'imite que des gens très célèbres, qu'on est encore au sommet de l'affiche. »[42]

Aussitôt la représentation terminée, il file s'enfermer dans son appartement, persuadé d'avoir bâclé cet événement auquel il attachait tant d'importance. Il s'est trompé à plusieurs reprises, n'a pas senti le public réagir comme il l'escomptait, et, brassant des idées noires, ne veut voir personne. Le lendemain, sa surprise est grande lorsqu'il court acheter les journaux, pensant y trouver des articles ravageurs. Or *France-Soir* le désigne comme l'amuseur numéro un, tandis que *L'Aurore* parle de révélation et que tout le reste de la presse ne tarit pas d'éloges. Ce succès inattendu, pour quelqu'un considéré comme enterré aux oubliettes quelques jours auparavant, va avoir des retombées très lucratives, sous la forme d'un engagement en vedette à l'Olympia et d'un excellent contrat de disques chez CBS. Mais le plus étonnant réside sans doute dans la critique rédigée par Bernard Mabille, qui, ayant payé sa place pour venir le voir, commente à son propos : « Potion magique ou rencontre bénéfique avec Merlin l'enchanteur, on ne sait, mais, tel Phénix, il renaquit hier au soir de ses cendres. »[43] Peu après, le téléphone sonne chez lui, et il entend la voix de Thierry déclarer : « Je ne vous aime pas, vous non plus. Pourrions-nous nous rencontrer ? » Rendez-vous est pris dans la salle à manger de Jean-Pierre Mogui où, dévorant un pot-au-feu de bel appétit, ils se découvrent des affinités, et où Thierry demande finalement à Bernard de lui écrire des textes pour un prochain spectacle.

Fin 1976, Thierry Le Luron prépare son premier passage en vedette à l'Olympia, plein d'appréhension car lors de représentations d'essai les réactions ont été mitigées. Il a, depuis, raccourci son numéro d'une demi-heure, ce qui ne l'empêche pas d'être toujours angoissé face à l'échéance qui approche, surtout lorsque, dans la soirée du 15 décembre,

42. Thierry Le Luron et Guy Monréal, *op. cit.*
43. Bernard Mabille, *op. cit.*

il se rend boulevard des Capucines au volant de sa voiture, juste pour voir son nom rayonner sur la façade en lettres lumineuses. L'émotion est grande, de constater ainsi sa consécration, mais la frayeur est pire encore, car il sait qu'il va maintenant falloir mériter cet honneur.

Le lendemain, le voici sur le point de livrer cette bataille dont il retourne le moindre détail dans sa tête depuis des semaines et à affronter, comme il dit, « la sympathique réunion de serpents à sonnettes que constitue le Tout-Paris ». Dans les ultimes répétitions de l'après-midi, il se montre impatient, presque désagréable, chipotant sur des bagatelles, faisant des vocalises avec son professeur de chant pour se décontracter et ouvrant les télégrammes qui ne cessent d'affluer. Puis, depuis la coulisse, il assiste à la première partie du spectacle. Évelyne Grandjean et Catherine Allégret présentent un extrait de *Pourquoi pas moi,* qu'elles jouent alors au Coupe-Chou, Daniel Beretta et Richard de Bordeaux chantent leur pop psychédélique, et Alain Souchon, accompagné par Laurent Voulzy, se produit devant une salle apparemment bienveillante.

Les habitués des premières sont là, vedettes de la chanson, du cinéma, chouchous des médias et mondains de tous horizons, des célébrités qu'il connaît presque toutes personnellement, mais qu'il craint lorsqu'elles sont rassemblées. « En groupe, dit-il, je sais qu'elles forment, même inconsciemment, une terrifiante machine de guerre, capable de tout détruire sur son passage, et que, chez ces gens souvent charmants, le regard peut parfois se transformer en laser, la salive en venin, les poils de vison en fléchettes empoisonnées. » [44] La sonnerie ayant mis fin à l'entracte, il va maintenant falloir affronter cet impitoyable public, face auquel, dans une ambiance électrique, on peut subir le plus humiliant des échecs ou décrocher le plus exagéré des triomphes.

44. Thierry Le Luron et Guy Monréal, *op. cit.*

Pour le surprendre d'entrée, il a engagé Huguette Funfrock, actrice qui présente une étonnante ressemblance avec la reine Elizabeth II d'Angleterre : lorsque les lumières s'éteignent, on la voit traverser la salle, une couronne sur la tête, précédée de photographes et de policiers, saluant majestueusement tandis que retentit le *God Save the Queen*. Dans l'hilarité générale, Thierry peut faire son entrée, ce moment qu'il compare à se jeter dans le vide du haut de la tour Montparnasse, ajoutant avec humour que, du fait de sa taille, il lui suffirait de sauter d'un trottoir ! Le plongeon, ce soir-là, ne sera pas celui de la mort, car il remporte sans encombre la bataille en faisant défiler Dalida, François Mitterrand, le pape Paul VI, et déclenche l'enthousiasme avec une burlesque interview du président Giscard d'Estaing, « La causerie au coin du bois », menée par Pierre Desproges. Il réserve aussi un traitement particulier à Philippe Bouvard, avec lequel il a en commun, outre un esprit spécialement vif, une hauteur physique limitée. « Ce qui ne m'empêche pas, quand je l'imite en scène, explique-t-il, d'enlever mes chaussures en disant qu'il a quelques centimètres de moins que moi. Une petite perfidie qui ravit toujours le public. De lui, je raconte qu'il est tellement petit qu'il ne peut pas avoir de demi-frère. Ou encore que, lorsqu'il s'assoit sur la moquette, ses jambes pendent. Ou bien encore qu'à cause de sa taille ses cheveux sentent le cirage, ou ses chaussures la brillantine. Ce qui est une façon comme une autre de me moquer également de moi-même. Comme je pourrais le faire d'Aznavour ou de Napoléon, que leurs petites jambes n'ont jamais empêchés de grimper sur les hauteurs du succès, dans leur catégorie respective. »[45]

Il peut, après ce triomphe, s'en retourner vers sa loge satisfait mais, critique vis-à-vis de lui-même, il l'est aussi en ce qui concerne les participants au spectacle, prenant soin de relever la moindre erreur repérée pendant la représentation.

45. Thierry Le Luron et Guy Monréal, *op. cit.*

« En scène, explique-t-il, j'ai des yeux derrière la tête. Je vois, je ressens ce qui se passe, j'entends surtout les notes de musique ratées, ce qui exaspère les musiciens, car ils savent que je ne connais pas le solfège, que je n'ai jamais étudié l'harmonie ni le contrepoint. »[46] Là encore, on peut voir une analogie avec son modèle Claude François qui, lui, ne prenait même pas la peine d'attendre la sortie de scène pour faire des remarques et que nous avons vu un soir, aux arènes de Fréjus, passer la moitié d'un show à houspiller ses musiciens…

Après avoir reçu tous ceux qui ne cessent de le féliciter, il s'en va, douché et vêtu de frais, vers la brasserie *Julien,* pour un dîner « intime » auquel sont conviées deux cents personnes. Comme toujours en de telles circonstances, la salle est élégante, bigarrée, et les heures s'égrènent dans un climat de béatitude pour celui qui vient de mettre Paris à ses pieds et qui, jamais las de jouer les taquins, s'amuse à caricaturer les célébrités présentes. Puis, à six heures du matin, il rentre chez lui tout seul. Tout est superbe, dans son appartement du boulevard Saint-Germain, acheté après avoir quitté celui de la rue Saint-Jacques ; chaque objet a été choisi avec soin et il vit là dans un cadre luxueux dont l'accumulation d'antiquités hors de prix fait un véritable musée. Sous de hauts plafonds, des meubles d'époque resplendissent de tout leur éclat et les visiteurs qui sonnent à sa porte sont accueillis par un valet en gilet rayé, tandis qu'un maître d'hôtel en gants blancs sert, au déjeuner ou au dîner, des plats préparés par un cuisinier.

Autant le dire, Thierry a la folie des grandeurs, à cette époque, et il ne s'en cache d'ailleurs pas. Cet opulent rez-de-jardin est le symbole de sa réussite, et la décoration, pour recherchée et coûteuse qu'elle soit, semble un peu théâtrale. Dans la salle à manger, on remarque une table longue de presque quatre mètres entourée de chaises Henri II, tandis que sa chambre à coucher a des allures

---

46. *Ibid.*

de galerie d'art, avec son lit à baldaquin Louis XIII, son bahut du XVIIe siècle surmonté de vases de Delft et d'une sculpture birmane du XVIe siècle, et sa girandole de cristaux Louis XIV sur la cheminée. Lipp, son berger allemand, et Flore, une chienne recueillie à la SPA, peuvent s'ébattre à leur aise dans la vaste cour où il a disposé de magnifiques plantations, mais il n'y a personne d'autre pour lui tenir compagnie, ce qui explique qu'il préfère passer l'essentiel de ses nuits au-dehors. D'ailleurs, si beau que soit cet environnement, il envisage déjà de l'abandonner pour s'installer ailleurs, croyant combler sa solitude en déménageant, en entreprenant la décoration d'un nouveau domicile où il sera sans nul doute tout aussi reclus. Au moins a-t-il la consolation, dans son fastueux écrin, de lire, une fois le soleil levé, des critiques non moins unanimes que ne l'étaient ses invités d'un soir.

La vie continue, avec son isolement personnel et ses succès professionnels. On le voit relativement peu à la télévision, mais beaucoup en galas, et c'est lors d'une prestation à Tinchebray, dans l'Orne, qu'il découvre Pierre Douglas, imitateur de Georges Marchais, avec lequel il enregistre au Caveau de la République « Le débat du siècle », qui paraît en 45 tours. La même année, des extraits de son spectacle à l'Olympia sont commercialisés sur le 33 tours *La société libérale est complètement avancée,* mais 1977 s'écoule sans véritable fait marquant, juste une sorte de monotonie qui doit peser à cet hyperactif.

Parfois, pourtant, des événements imprévus lui donnent l'occasion de mettre un peu de piquant dans cette existence. Un jour où il déjeune chez *Lipp,* la brasserie devenue sa cantine, il lit dans *France-Soir* une chronique de Philippe Bouvard consacrée à *Mes dîners en ville,* le livre récemment publié par Alice Sapritch. Sa surprise est grande, car celle qu'il considérait comme une amie y parle de lui en termes grinçants, le traitant de mégalomane et assurant n'avoir toujours mangé chez lui qu'une cuisine médiocre présentée dans une prétentieuse soupière d'argent. Or s'il est bel et bien aussi fier de ce récipient que le prétend la dame au turban, il n'y sert habituellement que du caviar en monumentales quantités. Pris de ce qu'il appelle « une fureur très gaie », il décide d'exiger un droit de réponse aussitôt rédigé :

«Je ne savais pas le palais arménien d'Alice Sapritch si peu perspicace : dans ma soupière, effectivement en argent, il n'y avait pas de soupe, mais bel et bien deux kilos de caviar qu'elle et ses "groupies" de tous sexes ont apparemment apprécié, puisqu'il n'en est pas resté un grain. Il est à la mode pour les comédiennes d'écrire leurs mémoires. Alice Sapritch, elle, raconte ses dîners en ville. On fait la carrière qu'on peut. Pour ma part, sachant qu'Alice Sapritch mange à tous les râteliers, sauf au sien, je ne la remercierai jamais assez, pour mes dîners, d'avoir si souvent fait la quatorzième à table en dernière minute : elle était toujours libre, grâce au ciel. Par ailleurs, je trouve admirable la constance de l'inoubliable interprète d'Eva Braun dans *Le Führer en folie* (une pénible semaine d'exclusivité) de dîner si souvent à de si mauvaises tables. Alice Sapritch serait-elle aussi masochiste que son public ? »

Deux jours plus tard, ces rosseries sont reproduites dans *France-Soir,* entraînant une réaction de Sapritch, dans *Pariscope* cette fois, où elle évoque un malentendu, mais regrette surtout qu'un imitateur puisse s'attaquer en toute impunité à une professionnelle comme elle. La brouille est consommée, et leurs relations communes se font un plaisir de rapporter à l'un et à l'autre les propos acidulés tenus à son sujet. Un après-midi, après déjeuner, la confrontation semble inévitable, car ils se retrouvent assis chez *Lipp* à deux tables de distance. « Aimablement, raconte Thierry, j'esquissai un sourire. Sapritchienne en diable, elle se retrancha derrière son turban, son fume-cigarette et ses voiles de gourou arménien. Subtilement – un clin d'œil de réconciliation – je lui fis porter un petit pot de caviar. Non sans humour, elle m'envoya par retour du garçon une... tarte. »[47] Ils finiront cependant par se rabibocher et, quand Thierry proposera de ne plus l'imiter… elle l'en dissuadera. Il ne cessera donc pas de proférer à son égard diverses méchancetés dans la presse, assurant qu'il avait songé à l'épouser, « mais je suis un ami de la nature et je pense à l'enfant : imaginez qu'il ait la taille du père et la tête de la mère ! ». À Philippe Bouvard, qui lui demandera s'ils sont raccommodés, il déclarera encore : « Oui, moi je suis raccommodé et elle est recousue. Elle a eu plus de liftings que de rappels dans sa carrière. » L'amour vache, sans doute…

Les fâcheries, il y en a eu également avec Régine qui, dit-il, « sentimentale et possessive quand elle aime les gens, admet difficilement la moindre infidélité que l'on peut faire aux endroits où elle règne ». À une époque où il fréquente moins souvent le New Jimmy's, il apprend, par le tam-tam du Tout-Paris, toujours prompt à relayer indiscrétions et critiques, qu'elle ne ménage pas les coups bas à son encontre, prétendant qu'il a changé et que le succès lui a fait enfler la tête. Mécontent, il affirme lors de son émission à la radio que « mieux vaut avoir la grosse tête qu'un gros cul » et que Régine, « pour son malheur, a les deux ». Furieuse, elle charge un avocat de saisir la bande, le menace d'un procès, et ils ne communiquent plus désormais que par l'intermédiaire de leur ami commun Luc Fournol, qui tente une difficile réconciliation. Ils finiront par enterrer la hache de guerre une nuit, au Jimmy's de Monte-Carlo, devant un magnum de champagne.

47. Thierry Le Luron et Guy Monréal, *op. cit.*

CHAPITRE 7

LA SOLITUDE DE L'AVENUE MONTAIGNE

VII

En 1978, Jacques Chaban-Delmas récupère la présidence de l'Assemblée nationale, reprenant le « perchoir » à Edgar Faure et faisant involontairement bénéficier Thierry d'un regain d'actualité bienvenu. Engagé une nouvelle fois en vedette à Bobino, il s'y installe, toujours superstitieux, dans la loge exiguë occupée pour son tout premier passage, en lever de rideau, puis lors de son accession au sommet de l'affiche, six ans auparavant. Là, du mois de février au mois d'avril, il va donner quatre-vingts représentations, pour lesquelles il travaille d'arrache-pied, la direction lui ayant demandé de commencer trois semaines avant la date prévue à l'origine.

Bernard Mabille, définitivement gratifié du surnom de Maboule, Jean Lacroix et Patrick Font lui ont écrit des textes inédits car, scrupuleux à l'égard de son public, il ne veut pas que l'on retrouve, dans ce spectacle, le moindre mot de celui présenté à l'Olympia, à l'exception du fameux « Ministère patraque ». Le décor aussi sera différent, sous la forme d'un flipper géant dessiné par Pierre Simonini, et c'est un défi décoché à lui-même que de chercher à se renouveler, une façon de prouver qu'il mérite constamment son statut. Il l'a appris au judo, la meilleure défense, c'est l'attaque ; le pire adversaire, c'est soi-même, et il faut se battre pour gagner.

Pourtant, les bruissements du Tout-Paris ne sont pas encourageants : « Les rumeurs parisiennes et professionnelles lancées par "Les dents de la mer", dit-il, ne sont pas à mon avantage : "C'est de la folie, c'est du suicide, il ne tiendra pas les trois mois annoncés, et puis c'est en pleine période électorale, avec tous les bouleversements qu'il va y avoir, tous les sondages le confirment, le public ne viendra pas, etc." Au contraire, le fait d'avoir fait un mois à l'Olympia dans une salle de deux mille places nous a donné bon espoir de faire trois mois dans une salle de mille places. La période électorale ? Justement, mon tour tape sur tout le monde, à gauche comme à droite, j'imite Chaban, Giscard, Mitterrand, Edgar Faure, Marchais, Barre, je pense que c'est plutôt une période faste. »[48]

Le premier soir venu, tandis que le spectacle est enregistré pour le 33 tours *Bobino en public,* les appréhensions s'envolent et il administre la preuve de sa capacité à se renouveler, démonstration qu'il confirmera jour après jour au point de jouer trois mois durant à guichets fermés. Les projets, du coup, se bousculent dans sa tête, où il prémédite des sketches assassins, des chansons, une comédie musicale et même, pourquoi pas, un début de carrière

---

48. Thierry Le Luron et Guy Monréal, *op. cit.*

à l'étranger. Élaborant les années futures comme si aucun obstacle ne pouvait se dresser sur sa route, il rêve d'un avenir plus brillant encore. Aujourd'hui, pour lui, est déjà le passé et, effaçant d'un trait de gomme les erreurs dont il a appris les leçons, seul demain compte, pavé d'inventions à venir, de triomphes à savourer, de belles impertinences à asséner.

Bobino terminé, il attaque la traditionnelle tournée d'été puis, de septembre à décembre, une tournée Karsenty après laquelle il ne prend absolument pas le temps de se reposer, lançant sur France Inter une nouvelle émission hebdomadaire en public, *Des parasites sur l'antenne,* dont les chroniqueurs sont Pierre Desproges, Bernard Mabille, Lawrence Riesner, Bernard Pilot et Évelyne Grandjean. Les vedettes involontaires en seront bien sûr les hommes politiques, que la petite bande va se régaler à caricaturer et matraquer dans un joyeux élan. « Desproges, Thierry et moi y allions de bon cœur, explique Mabille. Tirant tous azimuts, démolissant Giscard à force de bons mots. Il faut dire que l'actualité nous choyait. Les affaires succédaient aux affaires, les scandales aux scandales, un véritable bouquet qui s'achèvera en apothéose avec les diamants... Quelle aubaine! »[49] Les diamants qu'il évoque, ce sont ceux offerts à Valéry Giscard d'Estaing par Jean-Bedel Bokassa, président de la République centrafricaine, et dont *Le Canard enchaîné* a révélé l'existence, provoquant un scandale.

Une totale liberté règne dans cette émission, où jamais n'est acceptée la moindre censure, au point que Thierry ne lit même pas les textes à l'avance, les découvrant au tout dernier moment. Lorsque Mabille parle à sa façon de la fille de Giscard d'Estaing, dont *France Dimanche* annonce le prochain mariage, et que la direction de France Inter veut l'éliminer, Thierry menace de démissionner sur le champ. *Des parasites sur l'antenne* sera aussi pour les compères

49. Bernard Mabille, *op. cit.*

l'occasion de jouer un tour à Thierry lui-même, ayant fait croire à une admiratrice nommée Françoise que leur « patron » se passionne pour les femmes en porte-jarretelles. Dès lors, chaque semaine, Françoise est présente, au premier rang, exhibant le haut de ses cuisses et sa lingerie fine, dévorant des yeux un Thierry qui ne comprend rien à ces libidineuses démonstrations d'amour…

Si France Inter s'inquiète des excès de la « bande à Thierry », elle se réjouit par ailleurs de ses records d'audience, au point de lui confier bientôt une autre émission, *Le Luron du midi,* après la sortie sur les écrans du film *Le temps des vacances,* de Claude Vital. Le cinéma fait également partie de son plan de carrière, mais il n'apparaît là que dans son propre rôle et il n'aura jamais, dans sa courte vie, la possibilité d'aller vraiment plus loin. Il discutera bien avec Jean Poiret d'un film à sketches… *Les aventures d'un lit à travers le temps,* dont il a eu l'idée, mais le projet n'aboutira pas plus que d'autres, plus tard, avec Christian Fechner ou Claude Berri. D'ailleurs, il lui faut maintenant se consacrer à la préparation d'un nouveau spectacle, *Le Luron à Marigny,* où il va parodier Richard Anthony, Georgette Lemaire, Alice Sapritch, Tino Rossi, Julien Clerc, Jacques Dutronc, ainsi que les politiciens, numéro où il donne toujours le meilleur de lui-même. « Je suis parti de rien pour arriver à rien. Mais tout seul ! » fait-il dire à Raymond Barre, tandis que Georges Marchais s'écrie : « Je veux pas de mal à Barre ! » François Mitterrand, lui, déclare : « Je veux bien que les Français partent à la retraite de bonne heure, mais je prendrai pas la mienne tant que je n'aurai pas été élu président de la République. »

Tapant sur toutes les tendances politiques, avec, il est vrai, une prédilection contre la gauche, il y interprète aussi *Nous nous reverrons un jour ou l'autre,* la chanson écrite pour lui par Charles Aznavour avec des accents que l'on découvrira plus tard prophétiques: « Nous nous reverrons un jour ou l'autre / Si vous y tenez autant que moi / Prenons rendez-vous / Un jour n'importe où / Je promets que j'y serai sans faute / Nous nous reverrons un jour ou l'autre / Si Dieu le veut. »

Curieusement, c'est l'époque où, parfois, il évoque aussi sa mort, sujet qui le préoccupe et envers lequel, comme Claude François à qui il voue tant d'admiration, il semble éprouver un mélange de répulsion et de fascination. Lors d'un dîner avec Philippe Bouvard, en octobre 1979, il fait une étonnante déclaration qui pourrait, après coup, apparaître prémonitoire, à moins que la maladie qui l'achèvera ne soit déjà connue: « Tout se passe comme si je bénéficiais d'un sursis et comme si je n'avais plus le droit de perdre mon temps. [...] Il y a tant de gens plus faibles, plus peureux et plus douillets que moi qui y sont passés que cela ne doit pas être surhumain. Ensuite, je suis persuadé d'avoir depuis le début de ma vie un ange gardien accroché à mes basques. Chaque fois qu'il y a un mur devant moi, j'avance et le mur s'écroule. » Il ajoute d'un ton badin avoir commencé à rédiger un testament, dont il ne livre que l'aspect malicieux: «J'ai prévu des conditions un peu particulières pour que mes légataires méritent mon héritage. Une somme devra être placée à la banque, dont les intérêts devront financer le gueuleton qui sera offert chaque année aux copains le jour anniversaire de ma mort. En ce domaine, mon rêve le plus cher serait de faire un dernier bon mot avant d'expirer. » [50] Peu après, il intervient dans le journal de 13 heures sur TF1 à l'occasion de ses dix ans de carrière, participe à un *Grand Échiquier* de Jacques Chancel auquel contribue aussi le pianiste Daniel Varsano, dont il sera très proche, et termine l'année sur Antenne 2, présentant aux Français ses vœux en imitant le président Giscard d'Estaing.

50. *Paris Match*, 30 novembre 1984.

Il fait par ailleurs la connaissance de Line Renaud, qui va devenir une amie et l'une de ses victimes favorites, ce dont elle ne s'offusquera jamais, riant même de bon cœur aux méchancetés dont il l'accable dans ses sketches. En réalité, il ne fait que la croiser une première fois lors d'une soirée où Yves Mourousi fête les dix ans de l'émission *Inter-actualités magazine,* qu'il anime sur France Inter. Comme à son habitude, le journaliste a organisé les choses avec une sorte de folie des grandeurs, invitant à l'Opéra de Paris près de deux mille personnes du Tout-Paris et des médias, ainsi que bon nombre d'artistes. Mourousi ne sait vivre qu'avec magnificence, peut-être parce qu'il est le fils d'une princesse gréco-turque émigrée de Russie, et il est l'un des noctambules les plus assidus de la capitale, naviguant sans cesse entre discothèques à la mode, réceptions mondaines et milieux homosexuels. Dormant peu, multipliant les occupations, il entretient un rythme effréné grâce à la consommation régulière de cocaïne, parfois dans des conditions étonnantes, notamment dans les locaux de l'austère ORTF. « Un jour où je publiais un livre, raconte Alain Duhamel, il a sniffé devant moi avant d'aller à l'antenne. Je n'avais jamais vu ça de ma vie. »[51]

Pour cette célébration, il fait venir à l'Opéra des fanfares, des chanteurs, les pompiers de Paris, et aussi Thierry pour des imitations. En sortant, en compagnie de Régine, « une créature blondissime, à l'œil bleu pervenche, enroulée dans un rien de vison dont elle avait relevé le col jusqu'aux oreilles », se précipite vers lui en assurant avec ferveur qu'elle l'adore, puis ils se séparent et, une fois en voiture avec Régine, il demande de qui il s'agissait, obtenant une réponse toute à double sens : « Line Renaud, tu ne l'as pas reconnue ? Tu es trop jeune. » Il se rappelle alors l'avoir vue, tout petit, dans *La Madelon,* le film de Jean Boyer dont elle partageait l'affiche avec Jean Richard, Roger Pierre et Jean Carmet. Mais, depuis son arrivée dans le métier, il n'avait pu

---

51. *Les Grandes Gueules*, RMC, 26 novembre 2010.

la connaître dans la mesure où elle passait l'essentiel de son temps à mener la revue *Plaisirs* au *Dunes Hotel* de Las Vegas.

Les activités de cette infatigable dame du show-business, d'ailleurs, se répartissent toujours entre les deux rives de l'Atlantique, au moment de cette brève rencontre, une carrière commencée tout enfant en chantant dans le café que tenait sa grand-mère à Armentières, dans le Nord, et poursuivie à Radio Lille avec un répertoire basé sur les compositions de Loulou Gasté, qui deviendra plus tard son mari. Au lendemain de la Deuxième Guerre mondiale, elle a été engagée aux Folies Belleville, l'un des prestigieux music-halls parisiens de l'époque, puis, ayant modifié sa coupe de cheveux et son style vestimentaire, elle a fait ses débuts nationaux à Radio Luxembourg et enregistré le célèbre « Ma cabane au Canada » qui lui a valu le Grand Prix du Disque.

Passée ensuite en première partie d'Yves Montand au théâtre de l'Étoile, en vedette à l'ABC, mythique music-hall des années 1950 où elle a triomphé tout en accumulant les succès discographiques avec des adaptations de chansons américaines – « Ma petite folie », « Étoile des neiges » ou « Le chien dans la vitrine » –, elle a en même temps entamé une carrière au cinéma. Quand, en 1954, elle est apparue sur l'affiche du Moulin Rouge, elle y a été remarquée par le célèbre comique américain Bob Hope, qui lui a proposé de devenir sa partenaire pour plusieurs émissions, lui ouvrant les portes des États-Unis. Invitée à participer aux shows télévisés de Johnny Carson, de Dinah Shore, et surtout Dean Martin, elle a finalement été engagée au « Dune » pour un spectacle qui, prévu pour six mois, a duré deux ans.

En direct de la salle Pleyel, Thierry enregistre *Pierre et le loup,* de Prokofiev, où il tient le rôle du récitant accompagné par le Nouvel Orchestre philharmonique, tout en préparant le défi de deux cents représentations au théâtre Marigny, soit quelque six mois de présence continue. En même temps, il se lasse du style de son appartement du boulevard Saint-Germain, de la vie dans une sorte de musée, de son lit à baldaquin, et trouve un habitat à sa mesure : un duplex de cent soixante mètres carrés au dernier étage d'un élégant immeuble du rond-point de l'avenue Montaigne. Après les boiseries anciennes et les ors, il veut maintenant un cadre contemporain de marbre et de verre où domine le blanc, ce qui lui vaudra cette réflexion de Jacques Chazot : « Pas mal, ton salon. Il ne manque plus que les séchoirs et la manucure. »

De sa terrasse, ornée de jardins suspendus plantés d'orangers, de buis et de plantes vertes entretenus par un arrosage automatique, il jouit d'une vue à 360 degrés sur Paris. Des baies vitrées du salon, il observe l'Arc de Triomphe ; la salle de bains donne sur le Grand Palais et la cuisine sur le Sacré-Cœur. Le séjour est essentiellement meublé d'un piano blanc, tandis que sur le sol de la chambre s'étale un gigantesque matelas. Royaume des gadgets électroniques, c'est le symbole de la réussite et du non-conformisme, d'un dépouillement factice et de la démonstration d'une richesse, mais avant tout le point central d'une immuable solitude. Pour tenter de berner ce mal qui ronge l'âme, il reçoit, mais continue surtout à sortir beaucoup, traversant les nuits à coups de poudre aux yeux et de poudre de perlimpinpin, d'aventures malheureuses, de grisaille masquée sous les paillettes et les éclats de rire. « Bien souvent, se souvient Patrick Juvet, je l'ai ramené chez lui. Il me disait : "Reste encore un peu, on va discuter." Il y avait des milliers de gens qui voulaient être avec lui et ce petit bonhomme était seul, au fond d'une pièce, à vous supplier de rester avec lui vers trois ou quatre heures du matin. »[52]

Tout cela n'empêche pas son esprit fertile de fonctionner toujours à la même vitesse supersonique et, déjà, une nouvelle

52. Pascal Djemaa, en collaboration avec Jacques Collard, *op. cit.*.

idée lui trotte dans la tête, car il ne rêve que d'aller plus loin, faire mieux qu'auparavant, être le premier imitateur à remplir le Palais des Congrès. Après avoir élevé la caricature jusqu'au sommet de l'effronterie, il s'ingénie à surprendre en se remettant en question. Depuis longtemps, il caresse le projet de devenir un véritable homme de music-hall et c'est un spectacle ambitieux qu'il entreprend maintenant, cassant sa tirelire pour se lancer dans une authentique grandiloquence. Sur une mise en scène de Jérôme Savary, avec des décors et des costumes d'André Levasseur, organisateur des revues de Joséphine Baker, il aspire à chanter accompagné par quarante et un musiciens, trente choristes, soixante majorettes qu'il appellera ses « Luronnes », et vingt-quatre boys et girls de belle taille en guise de danseurs. Outre ces cent cinquante-cinq artistes, il veut même des éléphants, des girafes, des cracheurs de feu, ce qui impliquerait l'intervention, en coulisse, de trente-cinq machinistes.

Le 22 novembre 1980, il entame *Thierry Féeries* avec une démesure digne de Broadway que certains considéreront comme bâclée. S'il se glorifie ensuite d'une fréquentation formidable, Thierry avoue toutefois des défauts et une préparation hâtive : « Une partie de la critique, en effet, ne m'a pas raté. Mais un milliard quarante millions de centimes de recettes, en remplissant pendant quarante jours le Palais des Congrès, pour un bide, vous repasserez ! Voilà pour la mise au point, qui ne serait pas complète si je n'ajoutais pas que je suis d'accord, le spectacle n'était pas bon. Si j'avais écrit moi-même les critiques, j'aurais tapé dix fois plus fort que les journalistes. Cela dit, si le spectacle a été détestable, c'est que je ne le contrôlais pas : j'ai dû subir, entre autres choses, un chef d'orchestre ivre du matin au soir et des chansons de Jean-Jacques Debout qui, il le reconnaîtra sûrement, a raclé les fonds de tiroir pour me livrer ses textes quinze jours avant le spectacle. »[53]

53. *Playboy*, février 1983.

Malgré son succès commercial, Thierry est blessé dans son amour-propre. Cet échec relatif lui est si désagréable qu'il en veut à tout le monde, y compris à son copain Mabille, accusé d'avoir mené une machination contre lui en chargeant des journalistes complaisants de le démolir. « C'est une cabale, affirme-t-il. Le seul véritable éloge du spectacle a été publié par l'*International Herald Tribune* ! Je crois connaître la raison de cette levée de boucliers. Voici quelques mois, je travaillais avec un journaliste nommé Bernard Mabille, qui écrivait une partie de mes textes. À ce titre, il prétendait avoir été l'artisan de mon triomphe à Marigny et racontait à qui voulait l'entendre qu'il ne serait pas responsable de mon "bide" au Palais des Congrès. Eh bien ! je le soupçonne d'avoir battu le rappel de ses petits camarades ! Quand je pense que c'est un gars que j'ai vraiment beaucoup aidé, je trouve qu'il m'a lamentablement trahi. Ceci dit, les spectateurs n'ont pas du tout suivi les critiques. Notre coefficient de remplissage est de cent pour cent. Nous pensions que nous ne pourrions pas amortir le spectacle en quarante jours seulement. Or, après trente jours, c'était chose faite. [...] Tout ceci me conforte dans l'idée qu'en France le terrorisme intellectuel est à la limite du nazisme et qu'on ne supporte absolument pas la réussite. On l'a bien vu en lisant les horreurs écrites sur *Les Misérables,* le dernier spectacle de Robert Hossein, qui a refusé autant de monde que moi. La France est aussi un pays où l'on plaque des étiquettes sur les gens. J'ai horreur de ça ! Je veux être autre chose, en tout cas plus qu'un imitateur. Je veux chanter, notamment. Être un homme de spectacle le plus complet possible. Un véritable "showman". Cela dérange-t-il tellement ? Ne peut-on comprendre au moins que je change, que j'évolue ? Le public, lui, semble l'avoir compris. »[54] Dans les couloirs de France Inter, où Le Luron anime *Thierry aux éclats* à midi et Mabille *Les Surdoués* à 14 heures, ils prennent soin de ne

54. *Le Soir Illustré*, 1er janvier 1981.

jamais se rencontrer, s'envoyant piques et réponses par émissions interposées.

À la télévision, Thierry produit et présente chaque mois la série *C'est du spectacle,* réalisée à travers toute la France, tandis qu'il publie un 33 tours de ses chansons du Palais des Congrès, ainsi qu'un 45 tours avec Philippe Bouvard : *Les Grosses Têtes présidentielles*. Le 10 mai 1981, après plusieurs tentatives manquées, François Mitterrand devient le premier président de gauche de la Ve République, ce qui provoque chez Thierry une véritable commotion, au point qu'il en pleure devant son ami Jacques Collard. Un peu plus tard, après les élections législatives, il apprend en tournée le chassé-croisé de majorité à l'Assemblée nationale et comprend qu'il lui faut désormais mettre de côté l'imitation de Jacques Chaban-Delmas, qui constituait en quelque sorte sa carte de visite. Modifiant ses textes à la hâte avant d'entrer en scène, il donne habilement le change, puis décide de délaisser celui qui était à l'origine de sa carrière, ce qui lui vaudra des critiques parfois acerbes. On lui reproche d'être coupable de « meurtre », de n'avoir pas la reconnaissance du ventre et, prenant l'exemple d'Henri Tisot, dont le succès n'a pas survécu à la mort du général de Gaulle, certains le considèrent même comme fini. « Alors, c'est la faillite ? » lui lance le directeur d'un hôtel sur la Côte d'Azur, ce à quoi Thierry répond : « Dites-moi, vous fermez votre hôtel, vous, quand un client s'en va ? » Des « clients », il n'en manque pas, et il en fera bientôt la démonstration.

À la fin de l'année, du bar proche de la Maison de la Radio où il est en train de boire un café, Bernard Mabille voit arriver Thierry au volant de son coupé Mercedes et, craignant une colère en public, patiente une dizaine de minutes avant de pénétrer à son tour dans le bâtiment. Au pied de l'ascenseur, Thierry est là, qui l'attend.

«Salut, Maboule, alors, toujours de gauche? On est allé présenter le Congrès de Valence, j'ai appris cela.» «Et toi, rétorque Mabille, tu n'as pas fait ta valise du côté des USA? Les communistes sont pourtant au pouvoir, tu n'as pas fui vers une société plus permissive?» Répondant qu'il n'a jamais autant gagné d'argent que depuis l'accession de Mitterrand à l'Élysée, Thierry termine par une invitation: «Au fait, à l'approche de Noël, que dirais-tu d'une trêve des confiseurs?»[55] Leurs escarmouches, comme d'habitude, ne sont pas faites pour durer éternellement et elles font presque partie d'un rituel: «On s'est fâché après chaque spectacle, dit Mabille. Cela durait plus ou moins longtemps. C'était un drôle de jeu. [...] Il aimait les brouilles.»[56]

Quelques jours plus tard, il produit et anime sur Antenne 2 *Sylvestre ou Le Luron du réveillon,* un show réalisé par André Flédérick où il brocarde diverses vedettes. Charles Aznavour qui, comme Thierry, a connu des démêlés avec le fisc, est gratifié d'une parodie de *Ça passe*: «Je me casse depuis tous mes ennuis de paperasse, le plus souvent hors de Paris. Je me taille en Suisse ou au Texas, loin des grognasses, poufiasses, pétasses.» Gilbert Bécaud voit son «Petit oiseau de toutes les couleurs» gazouiller de façon étonnante: «"Cent mille volts", on m'a appelé mais, pour faire des économies, je chante des rengaines éculées dans le cadre de la chasse au gaspi.» Denise Fabre, la guillerette speakerine, déclare: «Je ne sais pas si votre dinde est prête ce soir. Moi en tout cas, je le suis.» Et il ajoute à son répertoire un garçon épargné jusque-là, Renaud, dont il raille le côté «populo»: «J'ai demandé à Smalto de dessiner mes oripeaux et mes chaînes de vélo m' sont fourguées par Bernard Hinault. [...] Question fric, loubard c'est ma combine. La banlieue, je ne connais pas, je la trouve un peu crasseuse.»

---

55. Bernard Mabille, *op. cit.*
56. Pascal Djemaa, en collaboration avec Jacques Collard, *op. cit.*

Dans un genre très différent, il chante l'année suivante le générique de la série animée *Rody le petit Cid,* vingt-six épisodes tirés d'un roman du XVIe siècle de Guillén de Castro et diffusés avec un grand succès à la télévision dans le cadre de l'émission *Croque vacances*. Il effectue aussi une tournée des capitales de l'Afrique francophone, où le président Bongo du Gabon lui suggère… de l'imiter lors d'un prochain passage, et lui fait porter pour cela par son aide de camp la cassette d'un de ses discours télévisés. Oubliée dans une voiture qui sera volée, elle ne sera jamais retrouvée.

CHAPITRE 8

ADOLF BENITO GLANDU

VIII

Au mois de février, pour la septième cérémonie des César, les organisateurs demandent à Thierry de participer à la présentation de la soirée, événement pour lequel il concocte avec Bernard Mabille un texte destiné à rester dans les annales. Pour la première fois, cette manifestation se déroule en présence d'un ministre de la Culture de gauche, Jack Lang en l'occurrence, et, sans le savoir, les responsables introduisent, avec Thierry, le loup dans la bergerie. Diffusée en direct, l'émission fait l'objet d'une répétition l'après-midi, à laquelle Thierry refuse de se joindre, craignant une éventuelle censure, et l'on comprendra aisément pourquoi quelques heures après.

Le moment venu, il entre, lèvres retroussées et paupières papillonnantes, caricaturant François Mitterrand et délivrant un discours truffé de noms de comédiens et de titres de films qui provoque des grincements de dents : « Monsieur le ministre, chers acteurs, chères actrices, chers réalisateurs, chères réalisatrices, chers techniciens, chères techniciennes, chère belle-sœur, cher beau-frère [Il s'agit de Roger Hanin et de son épouse, Christine Gouze-Rénal]... J'espère que je n'ai oublié personne. J'ai été élu démocratiquement le 10 mai, de par Dieu et devers les Français. [...] Le cinéma, ça me connaît, aussi est-il normal que je sois là ce soir devant vous. N'ai-je pas été après tout le fabuleux réalisateur de *The Rose*, n'aurais-je pas pu être aussi aux côtés de Gabin et de Fresnay dans *La grande illusion*? [...] Certains disent que les César ne sont fréquentés que par des gens riches et célèbres. Il n'y en aura bientôt plus. C'est une espèce en voie de disparition, chassée par Laurent Fabius, le célèbre héros de *Prends l'oseille et tire-toi*. Depuis *Le coup de torchon* du 10 mai, j'ai mis *Les uns et les autres* en *Garde à vue* et, croyez-moi, il n'y aura pas de *Grand Pardon*, ni pour *Les aventuriers de l'Arche perdue* de l'UDF, ni pour les *Têtes à claques* du RPR qui prétendent que mes réformes vont coûter *Mille milliards de dollars*. J'aime le cinéma, je me suis d'ailleurs entouré d'acteurs célèbres, qui tournent ou ont tourné : [...] Gaston Defferre : *Main basse sur la ville* ; Michel Rocard : *Nous nous sommes tant aimés* ; [...] Édith Cresson : *La chèvre* ;[...] Pierre Mauroy : *Un éléphant ça trompe énormément*. À la fin de mon septennat, vous ne serez peut-être pas *Tout feu, tout flamme*. C'est une péripétie de l'histoire qui dira plus tard *Autant en emporte le vent...* »

Dès le lendemain, les responsables des chaînes de télévision et de radio reçoivent la « recommandation » de ne plus l'inviter, véritable mise en quarantaine que seuls oseront braver, à la rentrée suivante, Jacques Abergel et Philippe Gildas, les dirigeants d'Europe 1. Ayant imposé la collaboration de son ami François Diwo, « placardisé » depuis mai 1981, le voici donc chaque jour au micro de 11 heures à midi, accompagné de Bernard Mabille, pour *Les Lurons d'Europe 1*. Dans cette émission « culturelle sans rigueur scientifique », parodies en direct, fausses interviews et canulars téléphoniques mettent le public en joie, alors que *Dalidallas,* « le feuilleton qui délasse, quelle classe », divague sur les aventures de la famille

Shocking, dont les héros sont… Alice Sapritch et Léon Zitrone. Comme il se doit, le président n'y sera pas épargné, avec des séquences factices d'actualité telles que « Mitterrand bloque les prix tandis que ses ministres débloquent ».

Les opinions « droitistes » de Thierry Le Luron s'affirment ainsi plus que jamais, et il va même les manifester plus encore en rédigeant une chronique de télévision pour l'hebdomadaire d'extrême droite *Minute*, dont il apprécie sans doute l'anticommunisme prononcé. Au moment de sa mort, Jean Boizeau écrira d'ailleurs dans un éditorial : « Pour *Minute*, il était un ami et un complice. Il anima le dîner qui marqua le dix-huitième anniversaire de notre journal et, plus récemment, publia dans nos colonnes une série d'articles percutants et ravageurs sur les tares de la télévision à la sauce socialiste. »[57]

Plus insolent que jamais, il entame au théâtre Marigny un spectacle dont les énormes affiches couvrant les murs de Paris le représentent en marionnettiste manipulant les figurines du général de Gaulle et de François Mitterrand. Redoublant d'effronterie, il y compare les politiciens à des vins : « Chaban est un vieux bordeaux, Barre prend du corps, Chirac est moins sec, Giscard redevient un vin de pays, Marchais est un rouge plutôt lourd et Defferre sent le bouchon. Le Fabius nouveau est trop coupé de Château-Chinon pour avoir droit à l'appellation contrôlée. » Racontant de façon extrêmement libre l'histoire de la Ve République, il ne se prive pas de taper fort. « Les bourdes accumulées par le pouvoir, explique Bernard Mabille qui en a écrit les textes, le sectarisme des idées propagées, la présence des communistes au gouvernement, tous ces propos dépassant le plus souvent la fiction nous facilitaient la tâche. Les décisions politiques multipliaient les mécontents, et les mécontents accouraient à Marigny, comme pour se venger. »[58]

57. Pascal Djemaa, en collaboration avec Jacques Collard, *op. cit.*
58. Bernard Mabille, *op. cit.*

Valéry Giscard d'Estaing, l'un des plus violemment attaqués, aura cependant l'élégance, ou l'habileté, de venir voir le spectacle en famille, subissant sans broncher les dix minutes qui lui sont consacrées, y compris l'apparition de Teddy, le labrador, le cou entouré d'un collier de diamants.

Beau joueur, ironique, il demandera même ensuite à Thierry « la marque du collier antipuce » de son chien. L'ancien président ayant ainsi donné une sorte d'agrément, tous les responsables de droite se précipitent à Marigny, de Jacques Chirac à Raymond Barre. Ils doivent certainement, cela dit, apprécier l'intervention d'une fausse Chantal Goya qui leur chante : « Mitterrand, gros Mauroy et leur ami Gastounet, voilà les trois affreux Pieds Nickelés ! Mal rasés, mal fringués, ils font la une des journaux en attendant que les Français en aient plein le dos. »

Le succès est revenu, triomphal, insolent, de quoi lui donner une énergie capable de déplacer des montagnes, et Paris lui rend hommage à la façon de la capitale, lui prodiguant attentions et artifices. Pourtant, Thierry souffre toujours du même mal : la solitude. Dans le somptueux appartement de l'avenue Montaigne où l'on peut, dans un impeccable agencement, admirer toiles de prix et bronzes précieux, l'ennui règne. Aussi, quand Mabille vient, le dimanche matin, discuter de nouveaux textes, l'artiste propose une virée au Marché aux Puces de Saint-Ouen où, payant meubles et tableaux à des montants impudiquement exagérés, il est accueilli avec une mercantile sollicitude.

L'été, il part en tournée sur le podium d'Europe 1, laissant Teddy aux bons soins de ses parents. En appelant le premier soir, pour avoir de ses nouvelles, il apprend que le fidèle toutou a passé la journée couché devant le portail du jardin sans manger ni boire. Le lendemain, il reste obstinément au même endroit, ne rentrant dans la maison qu'au moment où il entend la voix de son maître à la radio. Thierry décide alors de l'emmener partout, même si cela doit créer des difficultés dans certains hôtels, présence réconfortante pour celui qui souffre si souvent de l'esseulement. «Je n'imagine plus, avoue-t-il, l'existence sans lui à mes côtés. Quand je suis fatigué ou un peu déprimé, personne ne parvient mieux que Teddy à me remonter le moral. Quand il sent que ça ne va pas, mon gros labrador noir se fait tout petit et me suit, silencieux comme une ombre. Puis il vient poser son bon museau sur mes genoux et me fixe de ses tendres yeux dorés qui ont l'air de dire: "Ne t'en fais pas, Thierry, ça s'arrangera, et puis, moi, je suis là."» [59] C'est une évidence, Thierry aime les animaux, et lorsqu'il entame à la rentrée une nouvelle série de représentations au théâtre Marigny, les recettes de l'une d'elles vont à la SPA. Sans doute trouve-t-il chez les bêtes un vrai réconfort et davantage d'altruisme qu'il n'en rencontre parfois chez les humains.

Tandis que paraissent un double 33 tours et une cassette vidéo de son spectacle à Marigny, on le voit dans un film, *Les parents ne sont pas simples cette année,* où il fait une fois encore une apparition dans son propre rôle, puis il repart pour une tournée en Afrique francophone. À Kinshasa, il se délecte d'une anecdote survenue lors d'une réception organisée en son honneur par le président Mobutu : à l'entrée du palais présidentiel, un huissier notifie l'arrivée des invités, et lorsqu'un des musiciens de Thierry s'approche en lui demandant discrètement à l'oreille où sont les toilettes pour hommes, le zélé fonctionnaire annonce d'une voix de stentor : « Monsieur Toilettepourhomme ! » [60]

Rentré en France, c'est à un autre genre de festivité qu'il participe, puisqu'il s'agit du septième mariage d'Eddie Barclay, dont il est l'un des sept témoins. « Avec ses gros cigares, ses vestes à fleurs, ses chemises à grand col ouvert, il est la caricature ambulante du producteur type, dit-il

59. *France-Soir,* 25 juillet 1983.
60. Jacques Pessis, *La France de Thierry Le Luron,* SW Télémaque, 2006.

à propos de Barclay. J'avais surnommé le roi du microsillon "Eddie Claybar" dans *Le Luron du dimanche,* je crois que cela lui est resté, sans doute à cause de son côté cabot. Eddie Barclay renouvelle sans cesse son catalogue de chanteurs et d'épouses. Noctambule invétéré, il ponctue invariablement une rencontre tardive par : "On fait une p'tite bouffe". Les "petites bouffes" chez lui sont d'ailleurs plutôt bonnes. Il habite un duplex avenue de Friedland, non loin de ses studios, où traînent pêle-mêle un piano, des machines à sous, une bibliothèque, des disques, des photos, un billard et les boucles d'oreilles de sa dernière femme qui a oublié de les prendre. Eddie a toujours l'air d'un PDG quand il fait la fête, et d'un fêtard quand il fait le PDG. » [61]

Le mariage terminé, Thierry s'envole pour le Québec où, dans le cadre d'une mini-tournée, il se produit au Festival du rire. Puis il reprend la route sur le podium Europe 1 avant d'animer sur RTL, chaque samedi de 12 heures à 13 heures, *Les fausses conférences de presse.* Là, collaborant avec Robert Lassus et les journalistes politiques de la station, il s'en donne à cœur joie, plus que jamais déchaîné dans la caricature et le pamphlet au vitriol.

Le 10 octobre 1984, c'est à New York qu'on le retrouve, mais pas en simple touriste, puisqu'il fête ses quinze ans de carrière au Carnegie Hall, ajoutant pour l'occasion quelques Américains célèbres à ses imitations françaises. Peut-être a-t-il déjà en tête de conquérir un jour le monde à partir de cette mégalopole, projet quelque peu immodeste dont, un peu plus tard, il ne se cachera pas : « L'Amérique me tente, oui. D'abord en tant que touriste. En tant qu'artiste aussi. Mais il ne faut pas se faire d'illusions : l'Amérique ne m'attend pas. Ils ont tout ce qu'il faut là-bas, et en abondance. Le pays regorge de talents. À part Maurice Chevalier, et peut-être Line Renaud, aucun Français n'a vraiment été réclamé. Ceci dit, quand on a l'oreille, on saisit tous les langages. J'ai déjà dans mes tiroirs

61. Thierry Le Luron et Guy Monréal, *op. cit.*

Frank Sinatra, Dean Martin, Liza Minnelli, Sammy Davis Jr et bientôt, je pense, Bette Midler. Il faudrait peut-être que j'ajoute Ronald Reagan. Je voudrais aussi chanter en anglais. Et, plus tard, pouvoir présenter un spectacle avec la réelle dimension internationale. » [62]

Dès son retour, il entame la promotion d'un nouveau spectacle, *Le Luron en liberté,* tandis que paraît son 45 tours *Le Smurf politic.* Puis, à la fin du mois, changement de décor : dans le Paris de l'automne, il a choisi de se promener rue de Bièvre, la petite artère qui relie le boulevard Saint-Germain au quai de la Tournelle et où habite François Mitterrand, qu'il a décidément, pourrait-on dire, « dans le nez ». Pour cela, il a revêtu le déguisement d'un personnage récemment créé avec Bernard Mabille, Adolf Benito Glandu. Adolf comme Hitler, bien sûr, Benito comme Mussolini, que Glandu appelle « le démocrate italien », et un physique de Français plus que moyen : imperméable gris, béret sur la tête, moustache et lunettes rondes. Individu opportuniste et sans moralité, Thierry le définit comme « pétainiste sous Vichy, gaulliste sous le général et socialiste du 10 au 11 mai 1981 », une pique à Mitterrand, qui a entretenu un temps des relations avec le maréchal Pétain et collaboré à *France, la revue de l'État nouveau.*

Ce Glandu qui déambule devant le domicile présidentiel, mitraillé par quelques photographes prévenus auparavant, ne plaît pas aux policiers de faction, et il se retrouve bientôt emmené en garde à vue au commissariat du 5e arrondissement. Tandis qu'Adolf Benito, enlevant ses binocles, son béret et sa moustache, se transforme en Thierry Le Luron, l'atmosphère change, des sourires se dessinent sur les visages et, très vite, ce qui devait être un interrogatoire devient une franche partie de fou rire. L'humour, une fois encore, a triomphé de la politique.

Sur scène, le sketch où intervient Glandu est assez long car, sorte de catalogue de l'actualité, il donne à son interprète

62. *Le Soir Illustré,* 1er janvier 1981.

une grande liberté de parole et la possibilité d'aborder des sujets très divers, offrant à Thierry, « le petit qui n'a pas peur des gros », l'occasion de jouer les flingueurs sous couvert de caricature et de rigolade. Le passé de « Mitteu » [Mitterrand] pendant la Seconde Guerre mondiale y est plus qu'évoqué, le parti communiste y est démoli, la CGT pulvérisée, les ministres tournés en ridicule, et bon nombre de célébrités sont largement écorchées : « Celui-là, c'est Mourousi, l'autre c'est Marie-Laure Augry, au moins on ne risque pas d'avoir des petits », dit-il par exemple en montrant deux poissons rouges dans un bocal.

Tout cela se déroule dans la loge de concierge de l'odieux personnage, ornée de casques militaires : « Je portais le français en 14, l'allemand après, quand ils sont revenus en 1940. » Au mur est accroché un portrait de Pétain tandis que résonne un disque, *Maréchal, nous voilà,* chanté par André Dassary : « C'est mon hit à moi. J' peux pas m'endormir sans écouter ça. » Tout en débitant ses rosseries, Glandu cuit des œufs au plat, dont se régale le labrador Teddy, présent tout au long de ce monologue acide. Sans surprise, Glandu a fait couler beaucoup d'encre et suscité des commentaires variés, chacun cherchant à analyser sa mentalité et son comportement. « Vieux réac pour les uns, conscience de la minorité silencieuse pour les autres, explique Bernard Mabille, il n'était que l'aboutissement d'un gag. Jamais, en effet, nous n'avions cru à un pareil succès. Glandu nous servait à nous défouler avant tout. Nous tenions là celui qui pouvait tout dire et ne se gênait pas pour le dire, quitte à heurter. Écrit d'un trait, comme une conversation à bâtons rompus, Glandu se servait des mots de tous les jours, ceux qui animent la rue et le bistrot. »[63]

Le concierge franchouillard vient donc intensifier l'entreprise de flingage obstinément menée par un Thierry sans cesse plus insolent, qui multiplie les provocations. Parodiant « Ces gens-là », de Jacques Brel, il chante « Chez

---

63. Bernard Mabille, *op. cit.*

les Fafa », « faut pas jouer les pauvres quand on est plein de sous », suscitant une réaction de l'incriminé, le Premier ministre Laurent Fabius : « L'on doit refuser tout système de censure vis-à-vis d'un artiste, d'un comique, mais la contrepartie est que les artistes doivent comprendre leur responsabilité et connaître les limites à ne pas franchir. Dans ce cas, la limite est franchie. On peut faire rire, mais il ne faut ni blesser ni avilir. » [64] Jean-Marie Le Pen, lui, intente un procès, perdu, pour « Le Pen, attention danger », démarquage du « Souvenirs, attention danger » de Serge Lama : « Comme la gégène ça me fait trembler / Ce gros menhir blond comme les blés / Est entouré par des légions de crânes rasés / Je ne veux pas de ta nation barbelée. » Auparavant, il a, sur l'air de « L'important, c'est la rose », de Gilbert Bécaud, fait entonner, devant un Michel Drucker décontenancé, « L'emmerdant, c'est la rose » au public de *Champs-Élysées*, une salle composée de personnes arrivées en car de Lille, la circonscription… du socialiste Pierre Mauroy. Il a aussi créé au théâtre du Gymnase « Le véritomètre », fameux sketch où il installe dans un détecteur de mensonges Georges Marchais qui s'écrie : « Il vient avec ses questions et moi je dois viendre avec mes réponses ! » S'attirant les foudres à la fois de la gauche et de l'extrême droite, il fait donc l'unanimité.

Tout cela, cependant, renforce nettement sa réputation d'humoriste de droite, ce qui le contrarie. « Quand je tapais vertement sur la droite, dit-il, c'était de l'humour. Quand je tape sur la gauche, ça devient de la politique. » C'est déjà pour tenter d'effacer cette image qu'il avait, voulant se faire plutôt passer pour anarchiste, soutenu Roger Knobelspiess. Condamné pour une attaque à main armée à laquelle il a toujours nié avoir participé, Knobelspiess comparaissait alors devant la cour d'assises de Rouen, où Thierry avait décidé de faire une apparition-surprise : « Guy Bedos et Georges Moustaki étaient annoncés en même temps que moi, mais on ne les a pas vus. Moi, j'y suis allé. Lorsque je suis

64. Bernard Mabille, *op. cit.*

entré dans la salle, je me suis fait siffler par les deux mille gauchistes qui étaient là. Je leur ai dit : "Je souhaite à Roger Knobelspiess des juges moins cons que vous, sinon, il est cuit d'avance !" Un quart d'heure plus tard, je quittais la salle sous un tonnerre d'applaudissements. »[65]

En fait, les seuls butoirs qu'accepte ce petit bonhomme prêt à tout sont… inexistants. « Aucune obligation, aucune limite, dit-il. Les limites sont peut-être celles de la diffamation, mais je les franchis souvent, ça ne me dérange pas. J'ai d'ailleurs eu quelques procès, dont un avec l'éditeur de Charles Trenet, et le tribunal de grande instance de Paris a jugé que le droit d'un chansonnier s'exerçait au-delà du droit de la critique. Vous voyez, la justice de mon pays nous accorde déjà plus de largesses. »[66]

« Je récuse totalement, assure-t-il encore, la fameuse phrase de Cocteau, qui disait : "Il faut savoir jusqu'où ne pas aller trop loin." Moi, je clame que je ne veux pas savoir jusqu'où. Je refuse les limites, ces sempiternelles "limites". [...] De la même façon que je ne me laisserai coller aucune étiquette sur le dos. C'est cette haine des "limites" qui me vaut l'inimitié ou l'idolâtrie de certains, qui déclenche parfois les procès et les litiges. Mais Le Luron ne déchaînerait pas autant d'admiration ou de rancœur s'il ne possédait le don de l'imitation, s'il était simplement un satiriste plus méchant que les autres. »[67] D'ailleurs, pour bien mettre les choses au point, son spectacle commence par un rideau qui dévoile un écran géant où le général de Gaulle conseille : « Le Luron, mon garçon, allez-y, tirez dans le tas, et visez juste ! » Bientôt, il va faire feu plus vertement encore.

À la fin de novembre 1984, Thierry Le Luron assiste au dîner de clôture du 35e congrès de la Licra, la Ligue internationale contre le racisme et l'antisémitisme, et il donne au Gymnase une représentation au profit de S.O.S. Drogue

65. Thierry Le Luron et Guy Monréal, *op. cit.* **66.** *Le Monde,* 30 septembre 1984.
67. *Paris Match,* 30 novembre 1984.

international et de la fondation Toxicomanie et prévention jeunesse, puis il enregistre pour le 31 décembre l'émission *Horoscope 85,* animée par Patrick Sabatier sur TF1. Le soir du réveillon venu, surprise : la séquence où il incarnait Chantal Goya entourée de ses masques politiques a été coupée et, là encore, il va se montrer « gonflé » à l'extrême, écrivant dès le lendemain à François Mitterrand une lettre ouverte au vitriol :

« Le 31 décembre à 20 heures, j'étais dans ma loge du théâtre du Gymnase et, comme beaucoup de Français, je vous regardais présenter vos vœux. J'ai été touché plus particulièrement par vos souvenirs personnels. J'avais presque les larmes aux yeux quand vous avez rappelé la phrase désormais historique de votre grand-père : "Tolérants, soyez tolérants entre vous", phrase qu'il adressait, c'est toujours vous qui le dites, à votre "petite troupe turbulente". J'étais rassuré. La tolérance, ce qui vous a particulièrement manqué depuis que vous êtes à l'Élysée, était enfin à l'ordre du jour de l'An !

Patatras ! Trente-cinq minutes plus tard, l'émission de Patrick Sabatier Horoscope 85 était diffusée sur la première chaîne. Je l'avais enregistrée un mois plus tôt et y imitais Chantal Goya avec des masques plus vrais que nature : vous-même, Monsieur le Président, sur l'air de "C'est guignol", Fabius Pipotin, Gaston Defferre et Georges Marchais sur l'air de "Voulez-vous danser grand-mère", Jean-Marie Le Pen, "La catastrophe nationale", et, pour finir, votre épouse, la première dame de France, sur "Bécassine". Pas de quoi fouetter un chat.

Cette séquence a été censurée ! Oui, vous avez bien lu, censurée !

Il paraît cependant que ce mot ne fait pas partie de votre vocabulaire, ni de celui du Premier ministre, qui déclarait au micro de Michel Drucker sur TF1 : "Je suis contre toute censure", ajoutant : "Mais il y a des limites..."

Voilà bien ce qui caractérise votre régime : l'hypocrisie élevée au rang d'art de gouverner.

Vous êtes pour la tolérance, Fabius contre la censure, alors que s'est-il passé ?

Sur ordre de qui des coups de ciseaux ont-ils été donnés dans quatre minutes de bande vidéo, un soir de réveillon ? »

Et il termine son courrier par ces phrases assassines :

« Je crois que vous pouvez être fier, la reprise en main de la télévision est totale… On sait maintenant que les humoristes autorisés à y passer sont "agréés par le gouvernement". C'est une précision intéressante.

Pour ma part je retire de ce triste épisode supplémentaire de "démocratie socialiste", le sinistre feuilleton quotidien de la télévision, l'écœurante impression que la liberté n'y est plus de mise… Vous devriez relire Le coup d'État permanent *: il est d'actualité brûlante.*

J'espère que pour le Nouvel An vous avez donné ses étrennes à Hervé Bourges [le président de TF1], ça se fait pour les domestiques. »

La lettre n'aura pas de réponse mais il ne fait aucun doute qu'elle n'améliorera pas ses relations avec la gauche, et la preuve en est qu'il reçoit peu après un épais dossier de l'administration des impôts le priant de régler sans tarder quatre millions de francs, nouvelle qu'il prend avec philosophie : « Deux contrôles sous Giscard, un redressement sous Mitterrand. La gauche et la droite emploient les mêmes armes. » Pendant le mandat du précédent président, il avait, en effet, déjà dû se plier deux fois aux injonctions de zélés inspecteurs et payer cent mille, puis cent cinquante mille francs.

Qu'à cela ne tienne, rien ne l'empêchera de poursuivre son chemin, parsemé de propos incisifs comme de sketches périlleux élaborés avec des auteurs toujours prêts à s'engager derrière lui dans de joviales aventures. Pour travailler avec eux, il ne lésine pas à la dépense, organisant les réunions dans des cadres souvent idylliques… où ils consacreront l'essentiel de leur séjour à s'amuser. « Combien de fois, se rappelle Bernard Mabille, il m'a dit : "Maboule. Demain chez toi à 8 heures. Séminaire de boulot. J'ai loué une villa à Saint-Tropez. Nous y allons tous les deux, une bonne quinzaine de jours. En remontant, tout le spectacle sera dans un cahier.

J'aurai le temps d'apprendre." Vers 11 heures, la Rolls quittait Paris. "Dis donc, on passe juste à côté, tu ne veux pas que l'on s'arrête chez Lorain, à *La Côte Saint-Jacques* ? Il y sert un dos de saumon sauvage en vessie... Tu m'en diras des nouvelles." Le soir, Bocuse nous recevait, le lendemain nous faisions halte chez Pic, à Valence. Car en aucun cas nous ne pouvions rater son "menu Rabelais". Trois bons jours après, nous atteignions Saint-Tropez, essuyant les remarques désobligeantes de la trentaine de personnes qui avaient déjà pris possession des lieux. Piscine, repas pantagruéliques, fêtes jusqu'au petit matin nous éloignaient de notre sujet. Nous rentrions harassés, le cahier désespérément vide. Après tout, cela nous importait peu. À force de collaborer avec lui, je m'étais aperçu qu'il changeait d'idée jusqu'au tout dernier moment. »[68]

À la prodigalité, Thierry ajoute en effet une spontanéité dont il fait preuve à tout moment dans la vie courante, comme l'avait raconté Jean-Claude Brialy : « J'avais organisé un dîner avec Marie Bell et les Rothschild à mon domicile parisien. Thierry était aussi invité. Pendant tout le dîner, nous avions remarqué un garçon, à ses côtés, qui mangeait, mais ne disait rien. À la fin du repas, j'ai demandé discrètement qui était cet invité-surprise qu'il nous avait ramené. Et Thierry de me répondre, décontracté : "C'est le chauffeur de taxi qui m'a emmené. Je l'ai trouvé sympathique, je me suis permis de le faire monter". »[69] « J'avais l'impression parfois qu'il achetait l'amitié quand il payait des tablées entières, commente à ce propos Mabille. Il était d'une générosité extraordinaire. Personnellement, nous étions très amis. Il a passé des nuits entières à pleurer dans mes bras, à me raconter ses problèmes. Mais je n'ai jamais voulu rentrer dans le côté homosexualité de sa vie. J'ai toujours mis une barrière. Ainsi, quand le monde homosexuel parisien arrivait sur le coup de deux heures du matin, je m'en allais, parce que je ne voulais pas être mêlé à leurs histoires. »[70]

---

68. Bernard Mabille, *op. cit.*
69. 70. Pascal Djemaa, en collaboration avec Jacques Collard, *op. cit.*

L'homosexualité dont il parle, Thierry a sans cesse cherché à la dissimuler, s'efforçant de donner le change sur ses orientations amoureuses. À un journaliste qui lui demande s'il va bientôt convoler en justes noces, il répond ainsi : « Je suis toujours célibataire. Je me suis rendu compte que la vie d'homme marié ne serait pas une vie pour la femme qui la partagerait, du moins pour l'instant. Je suis bien trop obnubilé par mon métier. Je ne pense qu'à ça. Je ne suis déjà pratiquement jamais chez moi en temps ordinaire, comment voulez-vous que je puisse rendre une femme heureuse ? Laissez-moi un peu prendre de l'âge, profiter de la vie et des avantages qu'elle comporte avant de me marier. [...] J'en ai envie. J'aime les enfants. Malheureusement, je ne me sens pas encore assez mûr pour ça. »[71]

« En fait, dit Jacques Collard, Thierry a toujours été déchiré entre sa vie d'artiste et sa vie intime. Et puis, il vivait très mal son homosexualité. Plusieurs fois, je l'ai vu tenter d'avoir des aventures féminines. Mais c'était beaucoup trop difficile de vivre avec lui. C'était pratiquement impossible de le suivre dans le tourbillon de son existence. Il y a eu une exception : un garçon qui était danseur au Casino de Paris. Le seul qui a beaucoup compté pour lui. Le seul aussi qui l'a envoyé balader souvent ! Thierry a réellement été amoureux de ce garçon. »[72]

---

71. *Ciné Revue,* 21 septembre 1978.
72. Pascal Djemaa, en collaboration avec Jacques Collard, *op. cit.*

CHAPITRE 9

LA MALADIE SANS NOM

IX

Dans son appartement où défile tout ce que la nuit parisienne compte de personnages insolites, Thierry commence à s'ennuyer et, de la même manière qu'il s'est lassé des précédents, il ne trouve plus dans celui-ci le bonheur escompté. Il envisage donc de le quitter et se lance dans la recherche de tout autre chose : une villa dans le Sud de la France et, comme beaucoup de vedettes, oriente sa prospection vers Saint-Tropez. La petite commune, avant lui, a vu passer toutes sortes de hordes baroques, à commencer par les artistes de la Nouvelle Vague, les chanteurs yéyé, des bohèmes en tous genres, foules attirées par le mythe Brigitte Bardot, qui lui a donné sa vraie célébrité et en a fait le rendez-vous azuréen d'une *jet set* en quête de plaisir et de photographies dans les magazines.

On va à Saint-Tropez à la fois pour observer et être regardé, les plus ostentatoires s'ingéniant à circuler dans des voitures de sport bien peu adaptées à ce port exigu où d'autres ancrent des yachts aux dimensions démesurées sur lesquels s'affichent volontiers de jolies filles en maillots de bain à la taille inversement proportionnelle. Pendant toute la « saison », autrement dit le plein été, de nombreuses fêtes se déroulent dans les villas, où l'on se rend de préférence par hélicoptère afin d'éviter les embouteillages chroniques. Heureusement pour les habitants, il reste, en dehors de cette période un peu folle, un Saint-Tropez calme et plaisant sans bimbos, ni Rolex, ni rien de tout ce dérisoire étalage.

La propriété de ses rêves, Thierry la trouve finalement dans la baie des Caroubiers, un endroit sans agitation dont Paul Signac aimait à peindre les pins parasols et dont Colette s'était entichée au point d'abandonner sa chère Bretagne et d'y acheter La Treille Muscate, maison miniature entourée d'oliviers, de vignes et d'arbres fruitiers. Là, il a découvert La Ramade, une ancienne bastide de village tout en ocre rose dominant le golfe de Saint-Tropez, dont il va, comme à son habitude, s'ingénier à faire un petit palais. Tandis qu'un architecte du pays se met à l'œuvre, il vend son appartement de l'avenue Montaigne et une partie de son contenu et s'installe dans une suite de l'hôtel *Crillon,* le palace de la place de la Concorde où séjournent chefs d'État étrangers et grandes fortunes de ce monde.

Le voici donc en train de se préparer, ou tout au moins de s'imaginer, une vie nouvelle où, s'éloignant le plus souvent possible de la frénésie parisienne, il pourra se prélasser, heureux et détendu sous le soleil du Midi. Mais cette sorte d'exil est aussi motivée par des raisons plus importantes, car il se sait désormais atteint d'un cancer, ou en tout cas ce qu'il voudra faire passer pour un cancer, tandis que, déjà, on murmure dans les coulisses du show-business un autre mot à propos de sa maladie : sida. Rentré à Paris après divers galas à travers la France, il est évidemment informé des rumeurs qui courent à ce propos, et auxquelles il réagira de façon particulièrement violente, déclarant à Jean-Pierre Elkabbach, lors d'une interview sur Europe 1, son mépris pour ces « deux mille cons qui sont invités partout et qui vous chient dessus après », fustigeant « ce milieu de tapettes insignifiantes qui ne se complaisent que dans la fiente ».

Pour lui, le meilleur démenti résidera dans la sortie de son 33 tours *Le Luron interdit* et dans le disque d'or qu'il reçoit peu après, le onzième de sa carrière, ainsi que dans la nouvelle tournée d'été qu'il entreprend en province. Ce périple fini, il part se réfugier dans sa villa récemment acquise et dont les travaux sont à peine terminés, où vient le rejoindre son ami Daniel Varsano. Fils d'une famille du 16e arrondissement de Paris, né à Casablanca, au Maroc, Daniel est un pianiste classique de talent qui, au lieu de succéder à son père dans le milieu des affaires, a préféré s'orienter vers une profession artistique. Après une formation à l'académie Marguerite-Long, il a séjourné à Los Angeles où il a remporté un diplôme de concertiste de l'université de Californie du Sud, puis, revenu à Paris, il a étudié au Conservatoire national supérieur de musique. Ayant enregistré un double album comprenant les *Variations Goldberg* de Bach et les *Variations Diabelli* de Beethoven mal reçu par la critique, il a finalement obtenu un Grand Prix du Disque pour un autre album, consacré à diverses œuvres d'Erik Satie, avant d'effectuer des tournées en Afrique du Sud, en Indonésie ou au Japon.

Parallèlement à ce travail, Daniel Varsano est aussi un jeune homme de son âge, qui aime s'amuser au synthétiseur dans les soirées parisiennes, où il a fait la connaissance de Thierry Le Luron, dont il est devenu le compagnon discret. Lorsque Thierry s'installe à Saint-Tropez pour de longues vacances, Daniel est donc à ses côtés pour ce qu'il appellera

« des vacances de rêve ». « Nous faisions du bateau tous les jours, racontera-t-il. Chaque soir, c'était un rite, nous allions prendre l'apéritif vers 7 heures chez Nano, un bar de Saint-Tropez. Thierry avait découvert le vin de pêche et en buvait deux verres. » Mais il y a un revers à cette médaille du bonheur de façade car, tout en veillant à paraître heureux et en pleine forme, Thierry suit, depuis un moment déjà, un traitement intensif aux États-Unis. « Il allait régulièrement faire des check-up à Washington, expliquera en effet Daniel. Il prenait le Concorde et revenait en vingt-quatre heures. Un jour, au retour d'un de ces allers et retours, il était rayonnant : "Le médecin m'a dit que j'étais guéri, que je n'avais plus rien à foutre là !" En fait, son médecin habituel se trouvait en Italie, et celui qui l'avait examiné avait laissé passer une métastase en formation dans les intestins. » [...] Les premiers signes du désastre sont apparus en septembre. J'ai téléphoné à l'un des médecins de Washington, après les dernières analyses. Il m'a avoué : "On peut améliorer le temps qui lui reste à vivre, mais on ne peut pas le prolonger. Le cancer galope trop vite. On peut essayer la chimiothérapie mais, dans son cas, cela risque d'être Hiroshima". »[73]

Cette chimiothérapie va pourtant s'avérer inéluctable mais, tout en entamant ce traitement particulièrement éprouvant, Thierry s'ingénie toujours à donner le change, circulant, depuis sa suite du *Crillon,* entre différents hôpitaux parisiens afin de tenter de brouiller les pistes. Pour bien démontrer sa parfaite santé, il accorde aussi quelques interviews à des journaux ou des radios. Le 25 septembre 1985, il s'exhibe de façon plus tapageuse encore, en « épousant » Coluche « pour le meilleur et pour le rire ». Cette idée lui est venue à l'annonce du mariage d'Yves Mourousi, prévu le lendemain à Nîmes, union conjugale que l'on soupçonne d'être de pure forme, l'animateur étant connu dans le Tout-Paris pour ses aventures masculines. « La future madame Mourousi est sûre d'avoir les deux oreilles », déclarera

73. *Paris Match,* 30 novembre 1984.

d'ailleurs cruellement Thierry, sous-entendant que, pour le reste... Pourtant, il aime bien cet homme, qu'il dit même admirer beaucoup. « Peu de gens, surtout dans ce métier, ont sa résistance physique, s'émerveille-t-il ; il ne dort jamais plus de trois à quatre heures par nuit, prépare le matin le journal qu'il présentera à la TV à 13 heures, déjeune avec l'homme politique ou la vedette du jour, fait son émission l'après-midi sur RMC, prépare l'émission TV du dimanche matin, donne des cours de communication audiovisuelle aux élèves officiers de l'École militaire, organise des fêtes, se rend le soir à dîner dans les soirées mondaines les plus élégantes, à des premières de films ou de music-hall et, la nuit, parcourt Paris sur l'une de ses trois puissantes motos. On peut se demander ce qui fait courir Mourousi. C'est, je crois, son enthousiasme pour la vie et les gens. Je ne vois pas ce qui pourrait l'arrêter. Il est très intelligent, diplomate quand il faut, talentueux. »[74]

Au centre de la butte Montmartre règne ce jour-là une véritable effervescence, les journalistes ayant été dûment prévenus et les badauds étant arrivés en masse. Vêtu d'un habit à queue-de-pie de couleur grise, la tête coiffée d'un haut-de-forme, Thierry donne le bras à un Coluche outrancièrement maquillé, affublé d'une robe de mariée de la maison Repetto, et, devant Jehan Mounier, maire de la Commune libre de Montmartre, tous deux se jurent amour et fidélité. Auprès d'eux se pressent Eddie Barclay, lui aussi travesti en femme, et Carlos qui, costumé en bébé, ne cesse de hurler : « Maman, présente-moi mon nouveau papa ! » tandis que les nouveaux « époux » effectuent le tour de la place, une corde passée autour du cou.

Pour compléter cette délirante cérémonie, le cortège nuptial s'élance ensuite dans une traversée de Paris, à bord de calèches découvertes flanquées de motards et escortées par des artistes du cabaret Michou déguisés en Mireille

---

74. Thierry Le Luron et Guy Monréal, *op. cit.*

Mathieu, Sophia Loren et Karen Cheryl, jusqu'au *Fouquet's* où un déjeuner attend les invités. Les agapes terminées, Coluche salue la foule depuis une fenêtre, d'où, respectueux de la tradition, il lance la jarretière de la « mariée ». L'événement, bien sûr, fait les délices des médias, mais Bernard Mabille y voit surtout l'étonnante cohabitation de deux univers très opposés : « Entre le meneur de revues à l'américaine, fasciné par les smokings et les strass, et le provocateur en salopette des banlieues, il y avait apparemment un abîme. Il y avait entre eux, certains l'ont cru, tout ce qui séparait la droite de la gauche. C'était vrai. C'était heureusement plus compliqué, et de ce fait nettement plus intéressant. D'un côté, un personnage "mis en plis", un brushing scintillant, en costume trois-pièces qu'on aurait pu croire sorti tout empesé d'un bureau de sous-préfecture. De l'autre, un beauf cradingue, un pétomane du langage. L'un avait la maigreur et la petitesse de la mesure affectée, l'autre la démesure des gros dégueulasses. Pourtant ils semblaient tous deux issus de deux bandes dessinées. Le Luron paraissait avoir été inventé par Gotlib, et Coluche par Reiser. D'un côté, Glandu, imper, baguette et béret basque, de l'autre, le beauf de toutes les ignominies. Deux dérisions de la France de 80. L'une plus provinciale, l'autre tout simplement plus banlieusarde. »[75]

Cette fantaisie terminée, il entame dans *France-Soir* une chronique intitulée « La semaine de Monsieur Glandu », puis s'engage dans la lutte contre le sida aux côtés de Line Renaud, participant notamment à un gala organisé au Paradis latin en présence d'Elizabeth Taylor. Cela fait quatre ans que cette maladie est apparue aux États-Unis, lorsque les autorités sanitaires ont fait état des premiers cas d'une forme rare de pneumonie et d'un cancer peu répandu, le sarcome de Kaposi, parmi de jeunes hommes des communautés *gay* de New York et Los Angeles. En 1982, plusieurs centaines de morts dues à ce que l'on appelait désormais le sida étaient enregistrées dans le pays, les chercheurs ayant déterminé

75. Bernard Mabille, *op. cit.*

qu'il se transmettait par le sang et par contact sexuel. En 1985, Elizabeth Taylor, ayant appris que son grand ami Rock Hudson était frappé de ce fléau, a pris l'initiative de créer la Fondation américaine pour la recherche sur le sida, devenant ainsi la première artiste à se lancer dans un combat difficile.

À l'époque, peu de gens sont disposés à l'écouter, et moins encore à l'aider, l'Amérique, et le reste de la planète en même temps, préférant fermer les yeux face à une épidémie rampante considérée comme spécifiquement homosexuelle, tandis que, du fait d'une certaine homophobie, l'idée de punition divine était couramment associée au sida. « Le monde du spectacle savait que les homosexuels étaient durement touchés, commentera ensuite Elizabeth Taylor, mais, plutôt que de tendre une main compatissante, [...] il a tourné le dos. J'ai décidé que grâce à mon nom je pouvais ouvrir quelques portes, que je pouvais représenter un bon potentiel commercial. [...] Je pouvais utiliser la célébrité que j'avais acquise, et dont j'avais tenté de m'éloigner pendant tant d'années, même si cela s'est avéré impossible, pour faire un peu de bien. Je voulais m'en séparer, mais les tabloïds ne l'entendaient pas ainsi. Alors j'ai pensé : "Si vous tenez à me baiser, je vais vous utiliser". »[76]

Elle a donc lancé, non sans difficulté, le dîner « AIDS Project Los Angeles Commitment to Life » – « Projet Los Angeles Sida en faveur de la vie » : « Je ne voulais pas avoir une fonction honorifique. Je voulais effectuer un travail concret, passer les appels téléphoniques. Jamais je ne me suis aussi souvent entendu dire "non". Les gens ne voulaient pas venir à la soirée, ne voulaient même pas y être associés. Non seulement on m'a claqué des portes au visage, on m'a raccroché au nez, mais j'ai aussi reçu des menaces de mort. »[77] Cependant, les ravages que la maladie entraîne sur Rock Hudson lui servent de moteur, car elle constate que son corps

76. 77. www.dameelizabethtaylor.com.

et son esprit sont affaiblis à tel point qu'il ne la reconnaît même pas quand elle vient le voir. Le 19 septembre 1985, elle remporte finalement la victoire, lorsque deux mille cinq cents personnes se pressent à l'hôtel *Bonaventure* pour une soirée animée par Burt Reynolds, à laquelle participent notamment Samy Davis Jr, Rod Stewart, Cindy Lauper ou Stevie Wonder.

C'est une action du même genre que Line Renaud a entreprise en France. « En 1984, explique-t-elle, alors que j'étais aux États-Unis, les médias relayaient les discriminations vécues par les personnes séropositives. Quel choc ! Devant l'incurie des pouvoirs publics, des artistes, fédérés autour de Liz Taylor, ont organisé un gala auquel j'ai participé, récoltant trois millions et demi de dollars pour soutenir les malades. Lorsque le VIH a gagné la France, des artistes tels que Dalida ou Raymond Devos m'ont engagée à agir, m'assurant de leur appui. Mais l'ampleur de la tâche m'a fait reculer. C'est alors que l'institut Pasteur m'a contactée… Et je n'ai pas pu résister. »[78]

« Lors d'un passage à Paris, j'ai été invitée sur un plateau de télévision et l'on m'a demandé mon avis sur la question. J'ai répondu que les artistes français allaient devoir faire de même. À ma grande surprise, bon nombre d'entre eux m'ont ensuite appelée. À l'époque je ne pensais pas m'investir dans ce combat à long terme. Pourtant, près de vingt ans plus tard, je suis toujours là. Je suis un peu le bulldozer qui cherche encore et toujours de l'argent, parce que l'argent est le nerf de la guerre. Les traitements actuels permettent de stabiliser la maladie dans les pays riches, mais pas dans les autres, car ils restent trop chers. Les chercheurs étaient accablés et ils n'avaient pas un sou pour combattre ce virus. J'ai alors organisé un premier gala. Ainsi est née l'Association des artistes contre le sida. Que de personnalités et d'artistes

78. www.sidaction.org.

ont répondu présent! Une émission de télévision a suivi sur France 3, avec l'aide de Pierre Bellemare. »[79]

C'est donc dans une lutte particulièrement importante que s'engage ainsi Thierry Le Luron qui, quelles que soient ses motivations pour le cacher, est frappé de ce terrible syndrome. La confirmation, d'ailleurs, en viendra à diverses reprises, notamment lorsque Line Renaud elle-même évoquera, des années plus tard, le souvenir de son ami disparu. Interviewée à la télévision, elle brisera en effet le tabou: « Thierry était à côté de moi quand nous avons fait l'association des artistes contre le sida ». Au journaliste qui lui demande s'il y a eu des raisons ou un drame personnel, elle répond: « Bien sûr. Un très très grand ami, que tout le monde connaît. » « C'est la mort de Thierry Le Luron qui a provoqué tout ça? » questionne encore le journaliste, et elle avoue : « Oui. Beaucoup. »[80] Jean-Claude Brialy, pour sa part, racontera à quel point Line Renaud a fait tout son possible pour apporter son aide à Thierry après avoir appris qu'il avait contracté le sida[81].

Pendant ce temps, Thierry continue à exercer son métier sur la scène du théâtre du Gymnase, spectacle enregistré à la fois sur un double 33 tours et une vidéocassette, sous le titre *Le triomphe de Le Luron au Gymnase*. Accompagné de son fidèle labrador noir Teddy, qui tient le « rôle » de Samba, le labrador de Valéry Giscard d'Estaing, il y incarne une nouvelle fois le personnage de Monsieur Glandu, le concierge de la rue de Bièvre, tout en traînant une bronchite qui dure depuis plusieurs mois déjà. Il souffre également de violents maux de tête et d'une raideur dans la nuque, qu'il soigne à l'Adéna C500, à fort dosage en vitamine C, et à coup de piqûres d'Antasthène. « Thierry, plus libre que jamais, triomphait au Gymnase comme un invincible, brûlant la scène, commente Bernard Mabille. Une saison et demie à bureaux fermés et les sept, huit, dix rappels d'un public bon

79. www.linerenaud.com. **80.** *Sept à huit*, TF1, 21 mars 2010.
81. Le 16 octobre 2004, dans l'émission *J'aime ce que vous faites*, sur RTL.

chic bon genre, son public conquis à la force des cordes vocales, soulevé par la précision de l'imitation, la rosserie du trait. Les sentiers mille fois arpentés d'une gloire devenue routinière, jonchés de victimes aux noms prestigieux. L'élévation scrupuleuse et quotidienne d'un monument aux morts pour le rire, politiques et chanteurs unis en un même jeu de massacre. Caustique et salutaire. »[82]

Toutefois, même si cela ne se voit pas sur scène, il boitille, traînant la jambe gauche, ce qu'il veut traiter à la plaisanterie en déclarant qu'il va faire un Serge Lama plus vrai que nature. Optimiste, il prépare en même temps, dans le foyer du théâtre, un arbre de Noël pour les enfants de l'équipe, consacrant de nombreuses heures à des achats dans les magasins de jouets, se réjouissant à l'avance de ce moment de bonheur. Le 27 décembre, un vendredi, il se réveille, dans son appartement, avec le côté gauche entièrement paralysé, et l'annonce par téléphone à Daniel Varsano. Extrêmement inquiet, le pianiste décide de venir le chercher pour l'emmener d'urgence à l'hôpital, ce que Thierry refuse, assurant que cela ira mieux avec quelques bonnes doses d'Aspégic, mais Daniel, sourd à ses protestations, se précipite aussitôt vers l'avenue Montaigne. Lorsqu'il arrive, Thierry est en train d'essayer d'enfiler son pantalon sans y parvenir. Il souffre de migraines intenses, de vertiges, il ne peut plus bouger la jambe gauche.

À l'hôpital Lariboisière, les médecins diagnostiquent une encéphalite aiguë puis, à la suite d'une multitude d'analyses, d'un scanner et d'une ponction lombaire, il apprend que le développement de son cancer est accentué par une diminution de ses défenses immunitaires. Au théâtre du Gymnase, un écriteau rapidement improvisé annonce une relâche exceptionnelle du fait d'incidents techniques, tandis qu'il faut rembourser neuf cents places à des spectateurs mécontents. Lorsque Hervé Hubert, directeur du Gymnase, et Bernard

82. Bernard Mabille, *op. cit.*

Mabille se présentent à Lariboisière pour prendre de ses nouvelles, ils découvrent Thierry caché sous le pseudonyme de Jean Gilles, ses deux autres prénoms, dans une chambre du service neurologique du professeur Pépin. Vêtu d'un jean et d'une chemisette, le bras et la jambe engourdis, il plaisante avec eux d'une voix sans timbre, incapable, cependant, de dissimuler sa souffrance.

« Thierry, dit Bernard Mabille, cherche à nous apaiser, sans guère y parvenir. Curieusement, l'enfant gâté des dieux ne se plaint de rien. Les infirmières sont "gentilles", les professeurs "super". L'ancien scout nous rassure, en chef de troupe : "Pas de tracas. Tout va bien, mais je dérouille. J'aurais un sale truc au cerveau... Mon pauvre Maboule ! Tu vois comme la vie bascule... Nous ne sommes pas grand-chose. Il faut quand même penser au nouveau Glandu, pour septembre. Bosser à la suite. J'ai trouvé le titre du spectacle : *Le Luron en liberté 2*. Comme Rambo ! Ici, au moins, on ne sera pas dérangé par le téléphone... Quelle connerie... Est-ce que je méritais ça ? Hervé... Surtout pas un mot de tout cela à mes parents. Ils ne doivent pas savoir. Inutile d'inquiéter ma grand-mère. [...] Il faut que je sorte de là au plus vite. L'équipe a des gosses à nourrir, des crédits à honorer. Tout marchait si fort... Je dois remonter sur scène. » [83]

Manifestant un formidable courage, il reste persuadé de vaincre la vilaine maladie qui l'assaille et dont, à aucun moment, le véritable nom ne sera prononcé. Avec l'éclairagiste Gérard Russo et le régisseur Alain Martinot, Hervé Hubert et Mabille s'installent à l'hôpital sur des lits de fortune, passant leur réveillon de Nouvel An en compagnie des infirmières, tandis que Thierry, bourré de calmants, sombre dans une sorte de demi-coma. Alors que tout le monde s'attend à une issue fatale, le miracle, pourtant, se produit et, bientôt, le voici à nouveau sur pieds.

---

83. Bernard Mabille, Seghers, *op. cit.*

À sa sortie de Lariboisière, il apprend cependant être atteint de plusieurs tumeurs au cerveau, et même d'un mal incurable contre lequel il va se battre avec une détermination sans faille, n'aspirant qu'à dominer cette adversité. Avec ses proches, il redouble de projets, évoque un nouveau déménagement, achète rue du Cherche-Midi un appartement qu'il n'occupera jamais, et il arrive qu'on l'entende chantonner.

Comprenant néanmoins qu'il n'est pas véritablement rétabli, il s'en va quelque temps à Gisors, dans la propriété de son ami Lucien Schaffner, grand industriel du soutien-gorge qu'il surnomme « Madame Sans Gaine », puis rentre à Paris, affichant une volonté intraitable de faire taire ceux qui l'annonçaient déjà comme quasi mort : « J'ai vu et entendu, à propos de mon hospitalisation, les bruits les plus divers, les plus sinistres aussi, dit-il à *Paris Match*. [...] Remis sur pied en huit jours, j'ai dû décevoir quelques mauvaises langues qui colportaient dans Paris que j'avais une tumeur au cerveau, le sida, le cancer, bref que j'étais en train de crever à l'hôpital. » Quand il se rend avec une petite bande au restaurant du *Relais Plazza,* il observe les visages dans la salle. « On avait l'impression, dit-il, que j'étais le Christ ressuscité, tant il est vrai que les mauvaises langues m'avaient déjà enterré. On avait parlé d'un mal inguérissable, de la nouvelle peste du XXe siècle. »

Installé dans sa suite du *Crillon,* il s'affaire, passant de longues heures au téléphone, paraissant presque en forme quand Bernard Mabille vient lui rendre visite pour répéter un sketch mettant en scène Raymond Barre, qu'ils interpréteront dans l'émission de Michel Drucker le samedi soir avant que Thierry ne reprenne au Gymnase le spectacle interrompu. Mais lorsqu'ils se lancent dans cette relecture, Maboule constate que Thierry semble découvrir ce texte qu'il a pourtant joué des centaines de fois : « Il butait sur chaque mot, mettant en doute la portée des calembours, m'interrogeant sur la chute :

"Tu crois qu'ils vont rire là-dessus ?" "Explique-moi. Qu'est-ce que cela veut dire ?" Bas le masque ! Finie la comédie ! La vérité était tout autre. Thierry se remettait mal. Cherchait sa concentration sans jamais la trouver. Il se fatiguait vite. Tout l'agaçait : ses amis, Mattéo, son maître d'hôtel, le personnel du *Crillon,* son chien même. » [84]

S'il est de fait que sa mémoire ne fonctionne plus très normalement, il est en outre obnubilé par la rentrée qu'il prévoit pour le mois de novembre 1986 au Palais des Congrès de Paris, un spectacle qu'il veut plus riche et plus virulent que jamais, sorte de claque à la critique qui l'avait tant écorché lors de *Thierry Féeries*. Bien que se sachant très atteint, il est décidé à lutter contre l'adversité, à montrer qu'il est le plus fort, mener une guerre impossible. Quand vient le moment de préparer l'émission de Michel Drucker, sur le plateau du Pavillon Gabriel, les choses ne se déroulent pas comme il l'anticipait. Retrouvant son texte avec difficulté, il s'en prend à tout le monde, manifestant une insupportable mauvaise humeur. « Je fis le direct, ce samedi soir, avec l'ombre de Raymond Barre et le fantôme de Thierry, raconte Mabille. Un ami harassé par cinq minutes de télévision, sans ressort, sans punch. Des larmes plein le cœur, je commençai à douter de la reprise du spectacle. » [85]

Pourtant, il va bel et bien réoccuper la scène du Gymnase, expliquant à des journalistes qu'il a été soigné pour une méningite virale et une encéphalite grave dont il a failli mourir mais que, désormais, tout est rentré dans l'ordre. Reprenant sa vie tumultueuse, il se remet aussi à sortir tard le soir, affichant plus que jamais son intention de brûler les jours et les nuits, convaincu, peut-être, qu'il n'en reste plus beaucoup devant lui. À ceux qui lui demandent si son retour n'est pas prématuré et s'il ne devrait pas se montrer plus prudent, il répond de façon péremptoire : « Certainement pas. La scène me rend heureux. [...] Disons que je mettrai cet accident

---

84. 85. Bernard Mabille, *op. cit.*

entre parenthèses. » Au théâtre, cependant, les représentations s'avèrent parfois désastreuses. Il lui arrive d'inverser des sketches, d'avoir des trous de mémoire, et les rumeurs concernant sa santé repartent de plus belle dans Paris.

Les spectateurs ne remarquent pas forcément ces problèmes, tant il donne bien le change, refusant le play-back et dansant avec toujours le même entrain. Toutefois, ceux qui le croisent dans la vie courante constatent à quel point son physique s'est dégradé, son teint livide, son visage distendu par les médicaments à la cortisone, sa chevelure qui s'appauvrit. Ses amis observent aussi qu'il s'assoit sur scène plus souvent qu'auparavant, consulte plus volontiers l'écran du prompteur, que sa vivacité s'est beaucoup atténuée. « Seule la mécanique fonctionnait encore, par réflexe, écrira Bernard Mabille. L'œil et l'oreille perdaient peu à peu leur acuité, la présence s'estompait. Dormant vingt heures par jour, il ne vivait plus que pour cent vingt minutes de scène, celles qui le rattachaient à son quotidien. Son passé déjà. Le mauvais rêve devenait réalité. Thierry le savait et m'en parlait dans sa loge. Lucide et froid. Acceptant le verdict d'un destin jusque-là généreux. Les nerfs à fleur de peau. Gavé de médicaments, il se contrôlait mal, le moindre détail prenant alors une dimension exceptionnelle. Convaincu de la trahison de tous ceux qui l'aimaient, il se repliait sur lui-même. N'hésitant pas à blesser, à humilier. [...] Les cinq dernières représentations du Gymnase me furent insupportables, suivies d'une série de déclarations détestables. Par pudeur, il éliminait tous ceux qui l'avaient connu en pleine possession de ses moyens, comme pour ne pas leur infliger sa déchéance. »[86]

Ses apparitions à la télévision sont rares, depuis un certain temps, ce qu'il attribue à une mise à l'écart due au pouvoir en place, aussi écrit-il dans *Le Figaro magazine* au Parti socialiste

---

86. Bernard Mabille, *op. cit.*

une lettre ouverte illustrée par une photo sur laquelle il tient à la main un bâton de dynamite. Les dernières élections législatives ayant porté à l'Assemblée nationale une majorité de droite, il s'exprime ainsi : « Chers amis, je tiens à vous faire part tout de suite de la peine que j'éprouve déjà à l'idée de vous voir partir. [...] Depuis le 10 mai 1981, je suis passé en tout et pour tout huit fois à la télévision. [...] Jean Lanzi, qui m'avait promis en juin 1984 une date pour 7/7 en novembre de la même année, pour mes débuts au Gymnase, ne m'a, depuis, plus jamais pris au téléphone et n'a jamais respecté sa parole. Il faut dire que vous tenez en Jean Lanzi et sa complice "Baranne" Sinclair[87] deux de vos zélés serviteurs. »[88]

Après le spectacle, les soupers se font plus rares, avec des convives moins nombreux, comme s'il s'était décidé à démêler le vrai du faux, faire la différence entre les amis authentiques et les vulgaires flatteurs. La cour qui l'entourait s'est clairsemée, et le moment est venu de ne plus perdre de temps en vaines apparences. Dans la suite 444 du *Crillon,* il est souvent seul.

87. NdA : Il s'agit d'Anne Sinclair, présentatrice de l'émission en alternance avec Lanzi.
88. *Le Figaro magazine,* 22 février 1986.

CHAPITRE 10

UN COURAGE EXEMPLAIRE

X

Au mois de mars 1986, après que Daniel Varsano eut pris contact avec des spécialistes américains, Jacques Chirac et l'ambassadeur de France aux États-Unis interviennent pour faire admettre Thierry à l'Institut national du cancer de Bethesda, près de Washington, où l'on étudie des molécules expérimentales contre le sida. Officiellement, il sera en vacances chez Line Renaud à Los Angeles, mais en réalité il commence fin mars un nouveau traitement mis au point par le docteur Samuel Broder, l'un des médecins les plus en pointe dans la recherche contre le sida. Sam Broder décide de tester sur lui la combinaison de deux produits, les Interleukines II et IV, le premier ayant pour effet de stimuler les malades atteints du sida, le second offrant des particularités anti-inflammatoires puissantes.

Au bout de trois semaines, il quitte l'institut pour une convalescence dans la propriété de Daniel Varsano, dans le Connecticut, poursuivant sa prise de médicaments et se rendant tous les huit jours à Bethesda pour un bilan de santé. Les Interleukines ont en apparence fait des miracles, car il affiche une vitalité insolente, dévorant comme un ogre, retrouvant un enthousiasme étonnant, et, de retour en France, son état semble en nette amélioration.

Toutefois, Line Renaud, avec qui il discute souvent au téléphone, constate des hauts et des bas : « Un jour, il me lisait un des nouveaux sketches qu'il préparait pour son prochain spectacle. Le lendemain, il me disait : “Line, je ne peux pas te parler longtemps, j'ai mal”. »[89]

À la fin du mois de mai, cependant, il annonce son retour sur scène par une intervention téléphonique dans *Le Jeu de la vérité* consacré à Alice Sapritch, et il revient en France dans la quinzaine qui suit, apparemment en pleine forme après son séjour américain. Le 19 juin, soir de la mort de Coluche, il se lance même dans un gala à Garches, dans la banlieue parisienne mais, trois jours plus tard, le professeur Schwartzenberg notifie officiellement que, du fait d'un cancer des voies respiratoires, il ne peut tenir ses engagements. Aux obsèques de son « époux » décédé, le 24 juin, il montre un visage d'une pâleur extrême, masque de douleur que l'on attribue au chagrin de voir porter en terre celui avec lequel il avait monté l'un de ses plus beaux canulars.

Le mois de juin passé, son état de santé se dégrade, et il faut l'hospitaliser à l'institut de cancérologie de Villejuif, où il va subir une chimiothérapie. Pourtant, le petit bonhomme courageux ne baisse pas les bras, ne se laisse pas écraser par la maladie, poussé à la fois par une volonté

89. *Femme actuelle*, mai 1986.

de vivre et une sorte d'orgueil vengeur à l'égard de ceux qui le considèrent déjà, sinon comme mort, au moins comme fini. Entre deux séjours à l'hôpital, anxieux de démontrer sa bonne forme, il improvise toute la nuit au piano-bar de L'Apocalypse, la discothèque à la mode, effectuant en outre des galas, où l'on peut l'applaudir à Saint-Raphaël et à Villefranche-sur-Mer, où, dans un élan d'humour macabre, lors d'une soirée au profit de la lutte contre le cancer, il lance à son public : « Le mourant vous embrasse. » Passant à la télévision au journal d'Antenne 2, il assure n'avoir « ni le cancer, ni le sida », dérisoire tentative pour convaincre que toutes les rumeurs le concernant sont fausses.

Il consacre par ailleurs beaucoup de loisirs aux aménagements de La Ramade et, pour prouver à quel point on exagère la gravité de son état, il reçoit les photographes, souriant après de longues séances de maquillage, pour des clichés qui le montreront bronzé et affichant un aspect resplendissant. Mais il y a aussi l'envers de ce décor enjoué : la vente de ses voitures, de ses collections, de presque tous ses biens matériels, et la préparation d'un refuge quasi définitif à l'hôtel *Crillon*. Il veut pourtant croire encore à une rémission qui durerait et, préférant rester aveugle à tous les signaux d'alerte, Thierry donne à La Ramade de nombreuses fêtes, tout en participant à celles qu'organisent ses amis. Dans la soirée du 15 août 1986, il se déchaîne au *Chabichou,* le restaurant de l'hôtel *Byblos,* où Eddie Barclay a réuni toute sa bande. Là, affichant une forme éblouissante, il imite tous les convives, soulevant les rires à un tel point que chacun est convaincu d'assister à une répétition pour son prochain spectacle. La nuit, il va souvent passer de longues heures dans les discothèques, lançant des plaisanteries aux journalistes, et le jour, exhibant un superbe bronzage, il fait des balades à moto, chevauchées fantastiques dont personne n'imagine qu'il s'agit en réalité de courses contre le temps, d'échappées face à la mort.

Persuadé de vaincre le mal qui le ronge, pour un sursis au moins, Thierry prévoit de faire son retour sur scène vers la fin de l'automne avec un nouveau show comportant une cinquantaine de numéros. Jean-Jacques Debout s'est remis au travail, composant des chansons, dont certaines doivent auparavant être enregistrées en studio, mais un soir, le croisant dans un restaurant, il entend Thierry lui déclarer qu'il ne sait pas s'il pourra faire sa rentrée au Palais des Congrès, ajoutant: «Je ne me sens pas très en forme pour entrer en studio. Dépêche-toi, car si on attend, ce sera trop tard.»

En permanence il oscille entre optimisme et inquiétude en fonction des circonstances, selon qu'il se sent plus vaillant ou plus fatigué. Les murs de Paris, pourtant, commencent à se couvrir d'affiches annonçant le fameux spectacle pour le mercredi 29 octobre. On l'y voit souriant, l'œil toujours malicieux, encadré de son incarnation de Mitterrand, une rose à la main, et de Monsieur Glandu, béret sur la tête, rien ne laissant soupçonner la réalité de son affection. Les sketches sont écrits, pour la plupart inspirés par la cohabitation entre le président de gauche et un gouvernement de droite, mais il prévoit aussi un numéro vengeur dans une imitation de Georges Brassens.

Quand il reçoit les médias, il apparaît gai, détendu, charmant, normal en somme. Avant le grand plongeon sur la scène parisienne, il donne encore, jusqu'en octobre, quelques galas en province, notamment à Vittel, déjouant une fois de plus les vilains pronostics qui courent mais, en fait, il puise son énergie dans les amphétamines et les euphorisants. À Jacqueline Cartier, la journaliste de *France-Soir,* son amie et confidente, il assure avoir eu depuis l'enfance une santé fragile mais une forte constitution, et nie toute fatigue. Avec d'autres, il reconnaît avoir été très malade au début de l'année, atteint d'une méningite infectieuse et, après avoir été traité dans un hôpital parisien, s'être éloigné vers New

York pour prendre de la distance. Tout cela n'est, bien sûr, qu'un travestissement de la réalité, l'ultime élan de fierté d'un homme qui, dans les yeux de ceux qu'il croise, lit une tout autre vérité, reflet de son altération physique.

À ses proches, il annonce une fête sublime à Saint-Tropez pour le prochain Noël, mais demande aussi de cacher à sa mère ce qu'il est en train de subir, et il commence à faire le vide autour de lui, pour que personne, à part ceux qui le soignent et Roland Hubert, son producteur, ne puisse constater à quel point ses dernières forces s'épuisent. Le 22 octobre, une sorte de verdict tombe, émanant de Léon Schwartzenberg, qui le suit depuis de longs mois déjà : « Thierry Le Luron, souffrant d'un cancer des voies respiratoires, subit un traitement qui l'empêche actuellement d'honorer ses engagements. »

Déclinant, il ne peut plus s'exprimer par la parole et ne correspond plus avec ses amis qu'en leur écrivant depuis son lit du *Crillon*. Cette fois, il ne peut malheureusement plus convaincre personne de son retour sur scène, ni d'une éventuelle guérison, mais il tente encore de préserver ses parents, auxquels il adresse le 26 octobre une lettre pleine d'espoir. Leur assurant qu'on échappe parfois à la maladie, il annonce qu'il accueillera en juillet ses deux neveux à Saint-Tropez, que le bonheur reviendra dans la famille, dit toute sa confiance en des jours meilleurs, tandis qu'à d'autres il avoue subir des souffrances inimaginables.

Sans plus chercher à dissimuler ce que beaucoup de gens savent désormais, la presse évoque le combat de Thierry contre la maladie, usant toutefois de précautions et de conditionnels, que ce soit pour le ménager ou par crainte d'un procès. « À six jours de sa première représentation dans l'une des plus grandes salles d'Europe, le Palais des Congrès, peut-on lire dans *Le Point*, l'une des plus grandes vedettes françaises, Thierry Le Luron, annule son spectacle. Il serait atteint d'un cancer nécessitant dans l'immédiat des soins intensifs qui excluent tout effort ; à plus forte raison l'extraordinaire débauche d'énergie qu'implique un one-man-show. La nouvelle, bien entendu, fait impression dans le monde du spectacle : une décision d'annulation – surtout si tardive – pour un spectacle promis à un succès exceptionnel (20 000 des 50 000 places louées à l'avance) est rarissime. Mais l'intérêt et l'émotion dépassent largement le milieu professionnel. C'est que la santé de Thierry Le Luron fait l'objet depuis longtemps déjà de spéculations diverses qui se trouvent relancées par l'épisode de cette semaine. Et que Thierry Le Luron se trouve engagé dans une pathétique et cruelle bataille pour la défense de son corps et celle de son image.

« Dans l'interview publiée le 12 septembre dernier par *Paris Match* pour annoncer sa rentrée, un seul thème est traité : celui d'une santé que, contre toutes rumeurs, notre chansonnier proclame, photos à l'appui, florissante. « Je n'ai ni le cancer, ni le sida », annonce-t-il d'entrée de jeu. L'une de ces affirmations, au moins, est démentie par le communiqué publié cette semaine par les imprésarios de Thierry Le Luron avec la caution du professeur Schwartzenberg : Thierry Le Luron a bien un cancer. Pourquoi reconnaître aujourd'hui ce qu'on niait il y a un mois ? Parce qu'une aggravation du mal et la chimiothérapie nécessaire pour le juguler rendent aujourd'hui caducs les précautions et alibis qui permettaient jusqu'alors de travestir la vérité ? Sans doute. Parce que l'aveu sur le cancer détourne l'attention de l'autre hypothèse entretenue par la rumeur ? C'est possible également. »

« Si l'attention s'est focalisée sur la santé de Thierry Le Luron, lit-on encore dans cet article où, sans dire franchement les choses, les sous-entendus sont assez clairs, c'est bien que les clignotants n'ont cessé d'alerter les médias.

En décembre dernier, alors qu'il fait triompher son dernier personnage, Glandu, concentré de franchouillardise, au théâtre du Gymnase, Thierry Le Luron craque. Hospitalisé à l'hôpital Lariboisière, il est soigné, annonce-t-on, pour une méningite virale. Il remontera sur scène le 28 janvier pour arrêter comme prévu le 16 mars, jour des élections législatives. Mais il annonce pour le 10 mai le départ d'un nouveau Glandu, placé sous le signe de la cohabitation : ce spectacle-là sera annulé. Thierry Le Luron disparaît alors de la vie publique pour ne réapparaître que le 19 juin, à Garches, pour un premier gala avec un programme de sketches connus ou ne sont évoquées ni la mort de Coluche ni la nouvelle donne politique avec le gouvernement Chirac. Annoncée pour septembre, sa rentrée au Palais des Congrès sera reportée à fin octobre. On sait depuis cette semaine qu'elle n'aura pas lieu avant la fin novembre au plus tôt. Ces défaillances successives, le "trou" qui apparaît dans l'emploi du temps de Thierry Le Luron entre mars et juin, divers bruits non confirmés mais assortis de précision troublante sur les relations de Thierry Le Luron avec des organismes français et américains liés à la lutte contre le sida, ont engendré la rumeur suivant laquelle notre grand amuseur était atteint d'une grave maladie. Si la nature de celle-ci n'est pas encore complètement éclaircie, le fait est maintenant établi. Pourquoi, s'il se savait atteint d'une maladie grave, Thierry Le Luron a-t-il cherché si longtemps à donner le change ? Pourquoi avoir organisé une rentrée sous le signe de la forme éclatante ? Pourquoi avoir été si choqué, traumatisé par les "pia-pia" parisiens, que Thierry Le Luron avait prévu d'ouvrir son spectacle en chantant sur un air de Brassens.

"Je voudrais m'adresser / Avant de commencer / À tous les empaffés / Qui m'avaient enterré / Prématurément, je jure / À ces gens du métier / Si bien intentionnés / Qui avaient colporté / Que j'étais condamné / Qu'ils le savaient de source sûre."

« La volonté de silence, évidente chez Thierry Le Luron, a plusieurs justifications. D'abord, elle constitue (c'est fréquent et compréhensible chez beaucoup de malades) une façon naturelle de se rassurer. Essayer de garder l'image d'un être sain est une première démarche dans la lutte contre la maladie. De toute manière, il relève évidemment de la décision personnelle de chacun de gérer comme il l'entend le "dit" et le "non-dit" de sa maladie. Mais pour une vedette dont la vie professionnelle, le calendrier, les "exhibitions" sont sous le feu des projecteurs, la stratégie du silence est plus difficile à respecter, et plus cruelle la soumission à la curiosité publique. Cette politique du démenti s'explique aussi par des raisons professionnelles. Un acteur, une vedette, qui exerce sur le public un pouvoir de séduction, doit protéger son image, maintenir son aura d'être exceptionnel, par qui le charme et le plaisir arrivent, protégé des pièges et des cauchemars où sombre le commun des mortels. Certes, l'habitude s'est prise peu à peu que des gens parfois fort célèbres, y compris des vedettes du show-business, annoncent publiquement souffrir d'une maladie grave, voire mortelle. On se souvient de John Wayne atteint d'un cancer et parlant de sa lutte contre "le grand C". On se souvient de Steve McQueen révélant qu'il se faisait soigner contre le cancer au Mexique, un mois avant sa mort. On se souvient du Yul Brynner enregistrant une cassette vidéo sur les dangers du tabac avant de mourir d'un cancer du poumon. Rock Hudson, violant le tabou régnant alors autour du sida, désignera publiquement sa maladie peu de temps avant d'en mourir. Les évoquer permet de mieux comprendre Thierry Le Luron de ne pas suivre l'exemple de ces cruels aveux.

« Presque toujours, il s'agit là de vedettes assez âgées (toujours plus de 50 ans), très avancées dans leur vie et leur carrière, ayant peu de contacts physiques avec leur public (presque tous viennent du cinéma) et marquées par des rôles dramatiques. Thierry Le Luron est le contraire de tout cela.

Il est jeune (34 ans), et même s'il est célèbre depuis plus de dix ans, il peut prétendre encore à une très longue carrière. Le Luron n'existe que par la scène, le contact physique permanent avec son public : son impact peut être affaibli par la notion de maladie. Le Luron est un amuseur. Sa première fonction est de faire rire. Un cancéreux fait-il rire ? Le Luron est un chansonnier qui déclenche les éclats de rire à coups de griffes. Non seulement le personnel politique tout entier, de "Mimitte" à Marchais et à Le Pen, a subi ses sarcasmes, mais il est peu de gens célèbres qui n'aient pas essuyé ses flèches. Cette verve toujours narquoise, souvent féroce, ne lui vaut pas que des amis ; il sait qu'il doit se prémunir contre la méchanceté des autres et tente de ne pas y prêter le flanc. Pour toutes ces raisons, Thierry Le Luron a pu légitimement considérer que reconnaître publiquement le mal dont il souffre lui porterait un préjudice supplémentaire dont il a tenté de faire l'économie.

« La maladie, conclut l'article, a été la plus forte et a brisé en partie le complot du silence. Un complot dont la raison fondamentale est que Thierry Le Luron se bat avec une extraordinaire énergie, qu'on le voyait démontrer chaque soir sur scène. Pour se battre, il préférait le silence, avec son cortège de rumeurs souvent inamicales. La vérité révélée (en partie tout au moins) sur l'importance du mal dont il souffre devrait lui valoir le soutien affectueux des milliers d'amis anonymes qu'il s'est fait dans le public. » [90]

Alors que tout Paris bruisse de rumeurs sur lesquelles il n'y a plus grand doute, le professeur Schwartzenberg, lui, affirme que Thierry n'est absolument pas atteint du mal que l'on croit. « À ceux qui font courir ces bruits, vous pouvez dire de remballer leurs couronnes mortuaires, déclare-t-il à *VSD*. Ce ne sera pas pour cette fois ! » À la question de déterminer s'il s'agit du sida, il répond de façon péremptoire : « Non, cela n'a rien à voir. » « Oui, Thierry Le Luron a un cancer, précise-t-il, et nous

90. *Le Point*, 27 octobre 1986.

le soignons pour son cancer. Je n'ai rien à dire de plus, car tout le reste appartient à sa vie privée. Si j'ai décidé de faire connaître cette information, c'est pour deux raisons : primo, des milliers de gens avaient loué des places pour le spectacle du Palais des Congrès. Ces gens avaient le droit de savoir que si le spectacle n'a pas lieu, c'est pour une raison indiscutable : Thierry Le Luron doit se soigner. L'autre raison est, à mes yeux, encore plus importante. Pour une fois qu'une personne atteinte d'un cancer a le courage de le dire publiquement, et assez de notoriété pour que cela frappe les imaginations, il ne fallait pas manquer cette occasion de faire bouger les choses. Aux États-Unis, on a sur ces questions une attitude beaucoup plus saine : les gens, à commencer par les personnalités les plus publiques, ne font pas mystère de leurs accidents de santé. Et le résultat, c'est que l'on ne monte pas toute une mayonnaise d'informations et de désinformations. C'est un modèle à adopter en France. Au lieu d'en rester à la formule traditionnelle, aujourd'hui complètement dépassée, de la "longue et cruelle maladie", il y a un tout autre message à faire passer : le cancer est probablement la plus grave de toutes les maladies. Je tiens trop à la vérité pour le dissimuler à quiconque. Mais c'est une maladie que l'on soigne, dont on peut guérir, et avec laquelle, même si l'on n'en guérit pas, on peut vivre des années. Nous avons eu beaucoup de mal à décider Le Luron à se faire soigner, parce qu'il voulait assurer ses engagements. Maintenant, c'est chose faite, et nous ferons le point dans un mois. »[91]

Ce mois, en fait, Thierry n'en disposera même pas, et il le sent si bien qu'au moment où paraît cette interview il est en train de rédiger plusieurs lettres à l'intention de ses proches et de sa famille, expliquant sur de longues pages à sa mère la solitude d'une vedette. À Daniel Varsano, il envoie un bref billet annonçant, dans une sorte d'humour amer : « Mon vieux, c'est cuit ! Bises. T.L.L. » Retrouvant une foi

91. *VSD*, 30 octobre 1986.

profonde, il a également demandé la communion et les derniers sacrements à l'évêque Jean-Michel di Falco, le prêtre des gens du spectacle, car il comprend que son heure est malheureusement venue. Peu de temps auparavant, il a précisé, griffonnant sur un papier, n'avoir jamais perdu la foi, en réalité, mais avoir surtout repris la pratique de la prière lorsque les souffrances devenaient trop fortes. « Je crois, a-t-il ajouté, que la mort est une véritable délivrance, surtout si l'on retrouve tous ceux que l'on aime. »

Dans la nuit du 12 novembre 1986, la prière s'avérera inefficace face à de nouvelles douleurs particulièrement insupportables, accompagnées d'une crise d'étouffement. Appelé en hâte, Léon Schwartzenberg décide de l'hospitaliser d'urgence à la clinique du Belvédère de Boulogne-Billancourt. En arrivant sur place, Thierry est encore parfaitement conscient, mais ses forces déclinent, son cœur bat à un rythme effrayant, et on l'installe dans le service de réanimation. C'est là que, le 13 novembre au matin, le dernier rideau va se fermer sur ce grand petit homme, devant le public le plus restreint qu'il ait jamais eu.

Monsieur Glandu est mort, et avec lui les politiques et les vedettes dont il avait si bien relevé les travers et les tics mais, comme c'est toujours le cas pour les vrais artistes, Thierry Le Luron va continuer à vivre et faire rire par la magie du souvenir et des médias.

Cinq jours plus tard, une foule imposante et muette est massée devant la Madeleine lorsque le convoi funéraire s'arrête au bas des marches de la majestueuse église. À l'intérieur, mille deux cents personnes sont elles aussi rassemblées pour lui rendre un ultime hommage, installées dans la nef selon un rigoureux protocole. Dans un étonnant mélange, amis et victimes sont venus se recueillir : Jacques Chirac, Valéry Giscard d'Estaing, Raymond Barre,

Dalida, Mireille Mathieu, Line Renaud et tant d'autres. « Je comprends, avait-il dit à Roland Hubert, que beaucoup de gens souhaitent des obsèques discrètes. Mais moi, je dois dire que j'ai toujours aimé le panache, le faste, et que j'aimerais bien avoir un bel enterrement, avec des fleurs, beaucoup de fleurs. »[92] Il doit être heureux, là-haut, en voyant la profusion de gerbes et de bouquets qui s'amoncellent là, dans ce monument parisien où, préparant le moindre détail, il a prévu la place de chaque invité. Relayée à l'extérieur par des haut-parleurs, la messe est célébrée par le père Thorel, curé de la Madeleine, et Mgr di Falco prononce l'homélie alors que Nana Mouskouri chante l'*Ave Maria* de Gounod, puis que, comme s'il revenait après une bonne plaisanterie, résonne la voix de Thierry interprétant « Nous nous reverrons un jour ou l'autre » tandis que le cercueil est mené vers le fourgon.

Le lendemain, un autre fourgon file vers la Bretagne, où Thierry, après une messe à Perros-Guirec, est inhumé à Ploumanach, dans les Côtes-d'Armor, dans le petit cimetière où reposent déjà des membres de sa famille. L'enfant du pays est définitivement de retour chez lui, dans cette terre d'Armorique pour laquelle il avait toujours gardé une affection particulière. Là, tout près de la mer, la boucle est bouclée pour le gamin à l'incroyable destin, figé pour l'éternité dans sa tombe de granit rose. Les hommes politiques peuvent continuer leurs errements sans redouter de se voir fustiger par celui qui, jamais, n'avait craint de mettre en exergue leurs bévues, ni de leur tenir tête avec un étonnant courage.

D'autres, peut-être, essayeront de prendre sa place, mais aucun ne parviendra à manifester la même insolence que ce dandy intrépide, dont les saillies, persiflages et quolibets sont désormais gravés dans la grande histoire du comique.

---

92. Pascal Djemaa, en collaboration avec Jacques Collard, *op. cit.*

DISCOGRAPHIE

1971

OLYMPIA 71

• Huit semaines n° 1 au hit-parade.
Accompagné au piano par Jacques Lesage.
Parodies de Patrick Font et Jean Lacroix.
Imitation de Marcel Merkès & Paulette Merval (J. Strauss, M. Cab, H. Varna, R. Richard, J. Ledru, P. Font) / *Imitation de Darry Cowl* (Patrick Font) / *Imitation de Charles Aznavour* (G. Garvarentz, C. Aznavour, Jean Lacroix) / *Imitation de Françoise Hardy* (A. Gold, J. Gold, S. Gainsbourg, P. Font) / *Imitation de Salvador Dali* (Patrick Font) / *Imitation de Guy Béart* (Jean Lacroix, Guy Béart) / *Imitation d'Alain Barrière* (Jean Lacroix, Alain Barrière) / *Imitation d'Adamo* (S. Adamo, P. Font).
33 tours / Stéréo-cassette / Cartouche stéréo 8 pistes Pathé Marconi.

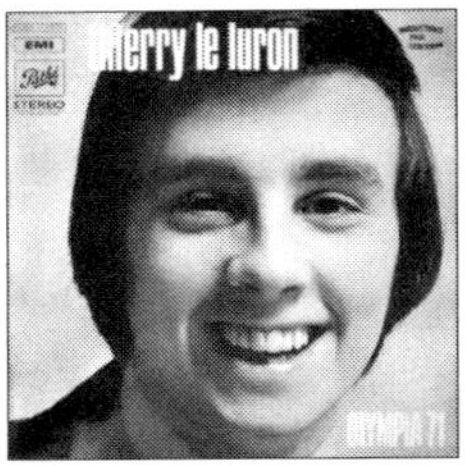

OLYMPIA 71

Accompagné au piano par Jacques Lesage.
La Chabanisation (F. Weber, Jean Amadou) / *La Chabanisation (suite)* (F. Weber, Jean Amadou) / *Le ministère patraque* (V. Scotto, Ouvrard / Parodie : Jean Lacroix).
45 tours / Pathé Marconi.

La nouvelle Chabanisation / La Giscardisation
• Deux semaines n° 1 au hit-parade.
45 tours Pathé Marconi

1972

LES IDOLES

Accompagné au piano par Jacques Lesage.
Que je t'aime (Johnny Hallyday) (J. Renard, G. Thibaut, Patrick Font) / *Sans cravate (Julien Clerc, d'après « Le caravanier »)* (J. Clerc, E. Roda-Gil, Jean Lacroix) / *Tout ça balance (Zanini, d'après « Ça balance terrible »)* (J. Diéval, M. Rivgauche, Jean Lacroix) / *Je me démène comme un sauvage (Claude François, d'après « Fleur sauvage »)* (C. Stevens, E. Marnay, Patrick Font) / *À présent je n'ose plus me montrer (Richard Anthony, d'après « À présent tu peux t'en aller »)* (H. Hawker, Y. Raymonde, J.-M. Rivière, G. Bourgeois, Patrick Font) / *Le camelot (Jacques Dutronc, d'après « L'Arsène »)* (J.-P. et H. Bourtayre, J. Lanzmann, Jean Lacroix) / *Alors retiens-moi (Adamo, d'après « Alors reviens-moi »)* (S. Adamo, Patrick Font).
45 tours Pathé Marconi.

THIERRY LE LURON... CHANTE

Arrangements et direction musicale Pierre Porte.
Chevalier du ciel (Paul Colline, Luis Mariano, Henri Bourtayre, Jacques-Henry Rys) / *La bonne auberge du Cheval-Blanc* (Robert Gilbert, Lucien Besnard, René Dorin, Ralph Benatzky) / *Rossignol de mes amours* (Félix Gandera, R. Vincy, Francis Lopez) / *La belle de Cadix* (Marc Cab, R. Vincy, M. Vandair, F. Lopez) / *La route fleurie* (F. Lopez, R. Vincy) / *Méditerranée* (F. Lopez, R. Vincy).
45 tours Pathé Marconi.

Bobino en public
33 tours Pathé Marconi.

THIERRY LE LURON... CHANTE VOL. 2
Arrangements et direction musicale Pierre Porte.
Marco Polo (de l'opérette Le secret de Marco Polo) (Francis Lopez, Raymond Vincy) / *Maria Luisa (de l'opérette « La Belle de Cadix »)* (Marc Cab, Raymond Vincy, Maurice Vandair) / *Le prince de Madrid* (F. Lopez, Jacques Plante) / *La marche des femmes (d'après l'opérette La veuve joyeuse)* (L. Victor, L. Stein, G. Caillavet, R. de Flers, H. Mailhac, Franz Lehar) / *Toison d'or (d'après l'opérette « La toison d'or »)* (F. Lopez, R. Vincy).
45 tours Pathé Marconi.

1973

OPÉRETTES ET MUSIC-HALL
Méditerranée (imitation de Tino Rossi) (F. Lopez – R. Vincy) / *La belle de Cadix (imitation de Luis Mariano)* (F. Lopez, M. Vandair, M. Cab, R. Vincy) / *La vie parisienne (imitation de Dario Moreno)* (Offenbach, H. Meilhac, L. Halévy) / *Dassarynade (imitation d'André Dassary) (parodie de Jean Lacroix d'après « Ramuntcho »)* (V. Scotto, J. Rodor) / *Le quarantain (imitation de Philippe Clay) (parodie de Jean Lacroix d'après « La quarantaine »)* (D. Faure, H. Djian) / *Sourdine (imitation de Georges Moustaki) (parodie de P. Font d'après « Il y avait un jardin »)* (G. Moustaki) / *L'acrobate (imitation de Barbara) (parodie de Jean Lacroix d'après « La petite cantate »)* (Barbara) / *Engagez-moi (imitation de Jean Ferrat) (parodie de P. Font d'après « C'est toujours la première fois »).*
45 tours Pathé Marconi.

1974

THIERRY ET LES PETITS LAPINS : LA LEÇON DE MUSIQUE
Direction musicale Pierre Porte.
La leçon de musique (P. Porte, R. Dumas) /
Le croqueur qui croquait les gens tout crus (Jim Larriaga)
45 tours Pathé Marconi.

En direct du théâtre des Variétés
33 tours / Stéréo-cassette / Cartouche stéréo 8 pistes Pathé Marconi.

1977

LE DÉBAT DU SIÈCLE, AVEC PIERRE DOUGLAS
Réalisation Jean-Max Rivière. Pochette illustrée par Jacques Faizan.
Le débat du siècle (Pierre Douglas, G. Monréal, Thierry Le Luron) /
Le débat du siècle (2) (Pierre Douglas, G. Monréal, Thierry Le Luron).
45 tours CBS.

La société libérale est complètement avancée
(extraits du spectacle à l'Olympia)
33 tours / Stéréo-cassette / Cartouche stéréo 8 pistes Pathé Marconi.

CAUSERIE AU COIN DU FEU, AVEC PIERRE DESPROGES
Causerie au coin du feu (Pierre Desproges) /
Causerie au coin du feu (suite).
45 tours CBS.

1978

RETROUVAILLES

Comme on change / Un monde fait pour nous / Les Tuileries / La marche des anges / Qu'est-ce qu'on attend pour être heureux / Tiens, tiens, tiens / Trop jeune / Amusez-vous / Si tous les gars du monde / Exodus / Causerie au coin du feu, première partie / Causerie au coin du feu, deuxième partie.
33 tours / Stéréo-cassette CBS.

Bobino en public (extraits du spectacle Bobino 78)
Stéréo-cassette CBS.

Tiens, tiens, tiens (A. Hornez, P. Misraki) / *Comme on change («Cominciamo ad amarci»)* (Pallavicini, Mescoli, Eddy Marnay).
45 tours CBS.

1980

Le Luron à Marigny (extraits du spectacle au théâtre Marigny)
33 tours CBS.

MAÎTRE COQ (45 TOURS PUBLICITAIRE)

Assemblée nationale (imitations de Jacques Chaban-Delmas, Raymond Barre et Georges Marchais) (T. Le Luron, B. Pilot) / *Radioscopie (imitation de François Mitterrand)* (P. Demeron) / *Je me barbe à l'Hôtel de Ville (imitation de Serge Reggiani)* (T. Le Luron, B. Mabille, P. Douglas d'après «Le Barbier de Belleville»).
45 tours CBS.

Nous nous reverrons un jour ou l'autre / What I Did for Love
45 tours CBS.

1981

THIERRY FÉERIES

Ouverture / En scène / Quand on est petit / Si j'avais vécu en ce temps-là / Noël à Paris / Hello Broadway ! / Deauville – Monte-Carlo / Merci maman, papa / Demain / Thierry féeries.
33 tours Disc'AZ.

Merci maman, papa / Quand on est petit
(Roger Dumas, Jean-Jacques Debout)
45 tours Disc'AZ.

LES GROSSES TÊTES « SPÉCIALES ÉLECTIONS », AVEC PHILIPPE BOUVARD

Imitations de Valéry Giscard d'Estaing, François Mitterrand, Georges Marchais et Jacques Chirac.
Les Grosses Têtes des élections (Philippe Bouvard) /
Les Grosses Têtes des élections (suite) (Philippe Bouvard).
45 tours Cinq sur Cinq – Disc'AZ.

Un peu d'amour (Pierre Porte, A. Lutereau, C. Level) /
Aux couleurs de la France (Pierre Porte, C. Level)
45 tours Tabata Music – Disc'AZ.

1982

RODY LE PETIT CID

Chanson du générique (Hidalgo, De Natale, S. D. Smith, Michel Salva, Guido et Maurizio de Angelis.)
45 tours Narcisse x 4 / Philips.

1983

LES DRÔLES DE PIEDS NICKELÉS

Imitation de Michel Drucker et Chantal Goya (Bernard Mabille d'après Jean-Jacques Debout) / *À ma Nénette (imitation d'Yves Montand)* (Patrick Font, Philippe Val d'après « La bicyclette » Francis Lai, P. Barouh).
45 tours WEA – Filipacchi Music.

BRUT DE POMME

45 tours souple : chanson du spot + imitations de Denise Fabre, Philippe Bouvard, Georges Marchais, Dalida, Jacques Chirac, Albert Simon et François Mitterrand.
Extrait de la chanson : *« Ce n'est pas de la bière / Y a presque pas d'alcool / C'est pas du panaché / Y a pas de limonade / C'est bon quand on a soif / Il y a très peu de sucre / Dans Brut de Pomme ! »*
Début du sketch : *« Bien, mesdames et messieurs, bonjour. Oui, c'est Denise. [...] Je suis heureuse puisqu'on m'a demandé d'être la marraine d'une nouvelle boisson. [...] Vous savez pourquoi ils m'ont choisie comme marraine ? Enfin, ne le répétez pas... Oui ! Avec ma superbe dentition, eh bien je leur évite l'achat de décapsuleurs ! »*
45 tours sans label.

1984

LE LURON À MARIGNY : DE DE GAULLE À MITTERRAND

Monsieur Glandu / Dario Moreno : Si tu vois Dario / Maurice Chevalier : Les gars du Parlement / Gilbert Bécaud : Télé de toutes les couleurs / Serge Lama : La Sapritch a 20 ans / Jean Ferrat : Nous serons 20 et 100 / Georges Marchais : La chasse aux privilèges / Yves Montand : À ma Nénette / François Mitterrand : Le vieux mordant / Dalida : Allez François / Jacques Chirac : un Corrézien parle aux Français / Line Renaud : J' bâille, j' bâille.
Double 33 tours WEA.

LE SMURF POLITIC

45 tours WEA.

1985

LE LURON INTERDIT (11e disque d'or)
33 tours RCA.

LE TRIOMPHE DE THIERRY LE LURON AU THÉÂTRE DU GYMNASE MARIE-BELL

Enregistrement public. Double 33 tours Lederman.

1989
COLUCHE – LE LURON : POUR LE MEILLEUR ET POUR LE RIRE
Coluche : Gérard, tel père tel fils (Coluche) / *Coluche : J'ai pas dit ça… sur les sportifs* (Coluche) / *Coluche : Les syndicats* (Coluche) / *Le délégué* (Coluche) / *Coluche : Le Belge* (Coluche) / *Coluche : L'ancien combattant* (Coluche) / *Coluche : L'auto-stoppeur* (Coluche) / *Le Luron : Adolphe Benito Glandu, concierge 23 rue de Bièvre* (Le Luron, Mabille) / *Le Luron : Georges Marchais « Le véritomètre »* (Le Luron, Mabille) / *Le Luron : Raymond Barre à Saint-Jean-Cap-Ferrat* (Le Luron, Mabille) / *Le Luron : François Mitterrand à Latché* (Le Luron, Mabille) .
Double CD Carrère.

1992
RETROUVAILLES (COLLECTION « OR »)
Comme on change (Comiciamo ad amarci) / Un monde fait pour nous (Il mondo) / Les Tuileries (Mac Arthur's Park) / La marche des anges / Qu'est-ce qu'on attend pour être heureux / Tiens, tiens, tiens / Trop jeune (Too Young) / Amusez-vous / Si tous les gars du monde / Exodus / Le débat du siècle, première partie (avec Pierre Douglas) / Le débat du siècle, deuxième partie (avec Pierre Douglas) / Causerie au coin du feu, première partie (avec Pierre Desproges) / Causerie au coin du feu, deuxième partie (avec Pierre Desproges).
CD CBS.

THIERRY LE LURON CHANTE
Direction musicale Pierre Porte.
Chevalier du ciel / Pot-pourri : Rossignol de mes amours – La belle de Cadix – La route fleurie – Méditerranée / La bonne auberge du Cheval-Blanc / C'est l'amour / Je t'ai donné mon cœur / Pot-pourri : Marco Polo – Maria Louisa – Le prince de Madrid / La marche des femmes / Mississippi (Old Man River) / L'amour est un bouquet de violettes / Toison d'or.
CD Lederman.

BOBINO 78 COLLECTION « OR »
1 Prologue – Ouverture / Thierry Le Luron chante « Qu'est-ce qu'on attend pour être heureux » / Imitations de : Jacques Chaban-Delmas : Le nouveau ministère patraque – Charles Trenet : J'imite – Gilles Vigneault : Les prix fous – Edgar Faure : Municipale – Serge Reggiani : L'élu est entré dans Paris – Jacques Dutronc : Parisianisme – Maurice Chevalier : Maurice – Jean Nohain : Beaucoup de dévotion – Ringo : Caroline – Adamo : Sadate… de Noël – Georges Marchais : Kamerad – Charles Aznavour : À Fourcade – Julien Clerc : Le loto – Georges Moustaki : Pauvre Giscard – Tino Rossi : Petit papa – Les Compagnons de la Chanson : Les turlupins – Gilbert Bécaud : Les enchères électorales – Valéry Giscard d'Estaing et le général de Gaulle : La voix – Sortie (Thierry) et présentation de l'orchestre – Imitations de Johnny Hallyday : Le Luron-ron – Dalida : Chi-chi Valentino.
Paroles et musiques de : A. Hornez, Paul Misraki / G. Koger, Ouvrard/ Vincent Scotto / Charles Trenet / Gilles Vigneault / A. Vidalie / Louis Bessière / Jacques Lanzmann, A. Segalen, J. Dutronc / M. Vandair, M. Chevalier / Charles Borel-Clerc, T. Le Luron / Jean-Claude Carrère, Schmitt, Vangarde / Salvatore Adamo / Jacques Plante / C. Aznavour, Ferrer / E. Roda-Gil, Astor Piazzolla / Georges Moustaki / Vinci / Martinet / M. Vidalin, G. Bécaud / A. Notta.
Textes des parodies : Patrick Font et Bernard Mabille.
CD Sony Music.

1993
DE DE GAULLE À MITTERRAND
Monsieur Glandu / Si tu vois Dario / Les gars du Parlement / Télé de toutes les couleurs / La Sapritch a 20 ans / Nous serons 20 et 100 / La chasse aux privilèges / À ma Nénette / Le vieux mordant / Allez François / Un Corrézien parle aux Français / J' bâille, j' bâille.
CD Phonogram.

1997
THIERRY LE LURON
Rhapsody in Blue (théâtre Marigny) / Le nouveau ministère patraque (Bobino 78) / Le Luron-ron (Bobino 78, imitation de Johnny Hallyday) / Les inconnus dans Madison (théâtre Marigny, imitation de Michel Polnareff) / Présentation (théâtre Marigny, imitation de Denise Fabre) / Tournez rotatives (théâtre Marigny, imitation de Guy Béart) / Les Tuileries (Mac Arthur's Park) / Le débat du siècle, première partie / Le débat du siècle, deuxième partie / Chi-Chi Valentino (imitation de Dalida) / Et lui, et lui, et lui (théâtre Marigny, imitation de Jacques Dutronc) / Causerie au coin du feu, première partie / Pauvre Giscard (Bobino 78, imitation de Georges Moustaki) / Causerie au coin du feu, deuxième partie / Je me barbe à l'Hôtel de Ville (théâtre Marigny, imitation de Serge Reggiani) / Mentir (théâtre Marigny, imitation de Julien Clerc) / Radioscopie (théâtre Marigny, imitation de François Mitterrand) / La voix (Bobino 78, imitation de Valéry Giscard d'Estaing et Charles de Gaulle).
CD Sony BMG.

1998
ENTRÉE DES ARTISTES
CD Sony Music.

2003
AU THÉÂTRE MARIGNY : EXTRAITS DU SPECTACLE (COLLECTION « OR »)
Ouverture : Rhapsody in blue / Imitations de : Jacques Dutronc : Et lui, et lui, et lui (d'après « Et moi, et moi, et moi ») – Georgette Lemaire : Je piaffe ce soir (d'après « Et si c'était vrai ») – Michel Polnareff : Les inconnus dans Madison (d'après « Lettre à France ») – Enrico Macias : Aux talons de leurs chéquiers (d'après « Aux talons de mes souliers ») – Mouloudji : Les requins d'accord (d'après « Les copains d'abord ») – Alice Sapritch : C'est toi – Serge Reggiani : Je me barbe à l'Hôtel de Ville (d'après « Le Barbier de Belleville ») – Julien Clerc : Mentir (d'après « Partir ») – Dalida : Le Ramsès Walk (d'après « Le Lambeth Walk ») – François Mitterrand : Radioscopie – Denise Fabre : Présentation – Guy Béart : Tournez rotatives (d'après « Rotatives ») – Jean Ferrat : Télé comiques (d'après « On ne voit pas le temps passer ») – Gilbert Bécaud : L'incompétence (d'après « L'indifférence ») – Jacques Chaban-Delmas, Raymond Barre et Georges Marchais : Assemblée nationale – Johnny Hallyday : Je veux me gaver de Sylvie (d'après « Je veux te garder dans ma vie ») / Thierry Le Luron chante « Nous nous reverrons un jour ou l'autre ».
Auteurs des parodies : Thierry Le Luron, Bernard Mabille, Jean Lacroix, Patrick Font, Pierre Douglas, P. Démeron, Guy Monréal.
CD CBS.

2005
RADIOSCOPIE : ENTRETIEN AVEC JACQUES CHANCEL
Enregistrement du 5 novembre 1979.
CD Paroles Radio France.

VIDÉOGRAPHIE
de Thierry Le Luron

1983
LES INTERDITS POLITIQUES DE THIERRY LE LURON
Extraits du spectacle Le Luron à Marigny : de De Gaulle à Mitterrand
DVD Kaleidoscope.

1984
LES INTERDITS POLITIQUES DE THIERRY LE LURON
Extraits du spectacle Le Luron à Marigny : de De Gaulle à Mitterrand
VHS Martinez Lederman / Emi.

1985
LE LURON EN LIBERTÉ – LE TRIOMPHE AU THÉÂTRE DU GYMNASE
DVD Martinez Lederman / Emi.

LE TRIOMPHE DE LE LURON AU GYMNASE
VHS WEA.

1989
THIERRY LE LURON, SES PLUS GRANDES IMITATIONS
VHS Proserpine.

1991
THIERRY LE LURON, LES GÉANTS DU MUSIC-HALL
VHS Polygram.

1995
THIERRY LE LURON – LA CASSETTE D'OR
Qu'est-ce qu'on attend pour être heureux / Viens voir les giscardiens / Causerie au coin du feu / Mitterrand et la rose / L'emmerdant c'est la rose / Adolphe Benito Glandu / Le Pen attention danger / Chaban en voiture / Le ministère patraque / François Mitterrand / Georges Marchais / Le temps de la rengaine / Raymond Barre à Saint-Jean-Cap-Ferrat / Le bon bout / Adolphe Benito Glandu / Chéri, chéri / La vérité est belle / Le véritomètre / J' bâille, j' bâille / Nous nous reverrons un jour ou l'autre / Qu'est-ce qu'on attend pour être heureux.
VHS Welcome.

2000
CHAT EN POCHE, DE GEORGES FEYDEAU - AU THÉÂTRE CE SOIR
VHS TF1 Vidéo.

2001
CHAT EN POCHE, DE GEORGES FEYDEAU - AU THÉÂTRE CE SOIR
DVD TF1 Vidéo.

2003

THIERRY LE LURON AU THÉÂTRE MARIGNY

Enregistrement du 3 mai 1980.

Valéry Giscard d'Estaing / Richard Anthony / Line Renaud / Yves Montand / Charles Trenet / Georgette Lemaire / Edgar Faure / Michel Polnareff / Mouloudji / Alice Sapritch / Charles Aznavour / Serge Reggiani / Jean Nohain / Julien Clerc / Maurice Chevalier / Tino Rossi / Dalida / François Mitterrand / Zizi Jeanmaire / Georges Moustaki / Denise Fabre / Jean Ferrat / Guy Béart / Luis Mariano / Gilbert Bécaud / Philippe Bouvard / Henri Salvador / Jacques Chaban-Delmas / Raymond Barre / Georges Marchais / Johnny Hallyday.

VHS & DVD Warner Vision France.

2004

LE MEILLEUR DE THIERRY LE LURON

Les imitations : Johnny Hallyday – Dalida – Renaud – Charles Aznavour – Yves Montand – François Mitterrand – Valéry Giscard d'Estaing – Georges Marchais – Philippe Bouvard –Jacques Chaban-Delmas – Michel Polnareff – Edgar Faure – Jean Nohain – Serge Reggiani – Zizi Jeanmaire – Guy Béart – Luis Mariano. Les sketches : Glandu – Le maquillage d'Alice Sapritch – Les adieux de Line Renaud – Le disc-jockey – Envoi de fleurs (avec Dalida). Les chansons : Pour faire un show – Merci maman, papa – Hello Broadway ! – Quand on est petit – Chanson avec les s?urs Kessler – Duo avec Christine Delaroche, Be My Love.

DVD Warner Vision France.

FILMOGRAPHIE
de Thierry Le Luron

1979

LE TEMPS DES VACANCES de Claude Vital, avec Nathalie Delon, Daniel Ceccaldi, etc. Chantal Goya et Thierry Le Luron y font des apparitions dans leurs propres rôles.

Musique originale de Jean-Jacques Debout.

Martine, divorcée, a entrepris de louer quelques chambres de sa grande maison à des enseignants de l'école où sa fille, Marie, fait ses études. Lorsque le tout jeune Laurent, le nouveau professeur de mathématiques, fait son arrivée, Marie tombe aussitôt amoureuse de lui. Les vacances venues, Martine et Marie partent à Djerba avec Laurent et ses amis, passant de joyeux moments mais, bientôt, Marie doit les quitter pour aller passer le mois d'août en Autriche avec son père qui, la voyant trop triste, la renvoie en Tunisie. À son retour, constatant qu'une idylle s'est nouée entre Laurent et sa mère, elle fait une fugue…

1984

LES PARENTS NE SONT PAS SIMPLES CETTE ANNÉE de Marcel Jullian, avec Henri Garcin, Jacques François, Alexandra Gonin, etc. Thierry Le Luron y fait une apparition dans son propre rôle.

Âgée de 16 ans, Marie, jeune Parisienne passionnée de danse classique, constate que son père, Albert, médecin, n'est pas insensible au charme de certaines de ses patientes et que l'harmonie entre ses parents n'est pas ce qu'elle imaginait. Pour l'anniversaire d'Albert, sa mère invite une tante, ainsi que Paul, réveillant l'amour que Marie portait à cet ami d'enfance, malgré l'arrivée troublante de Laurent, jeune et séduisant étudiant.

EN BREF
Thierry Le Luron

2 avril 1952
Naissance à 4 h 45 dans une clinique du boulevard Arago, dans le 13e arrondissement de Paris, de Thierry, Jean, Gilles Le Luron.

1958
École communale du 13e arrondissement, rue Fagon, cours privé Frémyot de Chantal, école Sarrail, collège Paul-Langevin de Bagneux, lycée Lakanal de Sceaux, lycée de Châtenay-Malabry. Cours de judo sous la férule d'Olivier-Pierre Goin.

1968
Remporte le grand concours d'artistes amateurs du Casino de Perros-Guirec.

1969
Premier spectacle à L'Oasis de Calais.

1970
Remporte le Jeu de la Chance à la télévision, dans l'émission *Télé Dimanche* de la première chaîne.
Achète une Fiat 125 d'occasion.
Galas en province en compagnie de Joe Dassin et Julien Clerc.
Interdit de télévision plusieurs mois pour avoir imité le général de Gaulle.
Devient présentateur au Don Camilo.
L'Échelle de Jacob.
Théâtre de Dix Heures.
Don Camilo.
En lever de rideau à Bobino.
Trente représentations à l'Ancienne Belgique de Bruxelles.

1971
Olympia en vedette anglaise.
Premier 33 tours : *Olympia 71*.
Invité du journal télévisé de Jean Lanzi, où il imite Jacques Chaban-Delmas.
La minute Thierry Le Luron tout l'été sur RTL.
Premier 45 tours : *La nouvelle Chabanisation*.

1972
Bobino en vedette, soixante représentations.
Deuxième 33 tours : *Bobino en public*.
Fête ses 20 ans à l'Alcazar.
Grand Prix du Disque de l'académie Charles-Cros.
Première tournée d'été avec Claude François.
Produit et anime pendant neuf mois *Le Luron du dimanche* sur la première chaîne.

1973

Troisième 33 tours : *Thierry Le Luron chante l'opérette.*
Spectacle à l'Élysée sur l'invitation du président Georges Pompidou.
Réformé du service militaire à la suite d'une pneumopathie virale. Des journaux le traitent de déserteur.
Tient à Pézenas et à Amboise le rôle de Trissotin, dans *Les Femmes savantes,*
pour le tricentenaire de la mort de Molière.
Anime sur Europe 1 *Le Luron d'Europe 1.*
Récital au théâtre des Variétés, cent quatre-vingts représentations.
Quatrième 33 tours : *En direct des Variétés.*

1975

Se sépare de Paul Lederman, son premier imprésario.
Joue *Chat en poche,* de Georges Feydeau, au théâtre Edouard VII,
diffusé dans l'émission *Au théâtre ce soir.*
Tournée d'été avec Coluche.
Cinquième 33 tours : *Thierry et les petits lapins,* destiné aux enfants.
Retour au Don Camilo.
Participe aux côtés de Joëlle, la chanteuse du groupe Il était une fois, et de Nicolas Peyrac,
à la « Manif des Jeunes », organisée par Nicolas Sarkozy au Bourget.

1976

Numéro 1 Spécial Thierry Le Luron, de Maritie et Gilbert Carpentier.
Gala sous le Grand Chapiteau des Tuileries d'Yves Mourousi.
Olympia, trente représentations.

1977

Sixième 33 tours : *La société libérale est complètement avancée,* extrait de son spectacle à l'Olympia.
Invité du journal de 13 heures sur Antenne 2.
45 tours *Le débat du siècle* avec Pierre Douglas, enregistré au Caveau de la République.
Participe au gala organisé pour le mariage de Michel Sardou.
45 tours *Causerie au coin du feu* avec Pierre Desproges.

1978

Septième 33 tours : *Retrouvailles,* chansons.
Autobiographie *Comme trois pommes,* écrite avec Guy Monréal.
Bobino, quatre-vingts représentations.
Nouveau Numéro 1 Spécial Thierry Le Luron, de Maritie et Gilbert Carpentier.
Huitième 33 tours : *Bobino en public.*
Tournée Karsenty.
Des parasites sur l'antenne, émission quotidienne sur France Inter.

1979

Le Luron du midi, émission quotidienne sur France Inter.
Neuvième 33 tours : *Le Luron à Marigny.*
Film *Le temps des vacances*, où il tient son propre rôle.
Le Grand Échiquier, avec entre autres Yves Lecoq et Daniel Varsano.
Fête ses dix ans de carrière au théâtre Marigny.
Présente ses vœux à la France sur Antenne 2 : dix minutes d'imitation du président Giscard d'Estaing.

1980

Nouveau Numéro 1 Spécial Le Luron, de Maritie et Gilbert Carpentier.
Dix ans de télévision de Thierry Le Luron, émission spéciale.
45 tours *Aux couleurs de la France / Un peu d'amour, chansons.*
Thierry Féeries au Palais des Congrès de Paris, quarante-cinq représentations.
Producteur et animateur de *C'est du spectacle*, sur Antenne 2, émission mensuelle réalisée à travers la France, pendant un an.
Producteur et animateur de l'émission spéciale *Le Luron du réveillon*, le 31 décembre sur Antenne 2.

1981

45 tours avec Philippe Bouvard : *Les Grosses Têtes présidentielles.*
Émission *Thierry aux éclats* sur France Inter.
Dixième 33 tours : *Les chansons du Palais des Congrès.*
Dans *C'est du spectacle*, émission réalisée à Aix-les-Bains, chante en duo avec Charles Aznavour « Nous nous reverrons un jour ou l'autre ».
Représentation au théâtre romain de Carthage, en Tunisie.
Représentations aux Rencontres du Palais-Royal.
33 tours avec Philippe Bouvard : *Les Grosses Têtes.*
Producteur et animateur, *Le Luron du réveillon*, sur Antenne 2.
Tournée dans les grandes capitales d'Afrique francophone.
Présente *La nuit des César* avec un discours cinglant à l'égard du Parti socialiste.
Invité au journal télévisé d'Yves Mourousi, sur TF1.
Fête ses trente ans au Jimmy's de Régine.
Les Lurons d'Europe 1 pendant trois mois sur Europe 1, avec Bernard Mabille et François Diwo.

1983

Invité d'honneur de Michel Drucker pour Champs-Élysées. Fait chanter au public « L'emmerdant, c'est la rose… »
Théâtre Marigny, spectacle *De De Gaulle à Mitterrand*, cent représentations suivies de prolongations.
Tournée d'été avec le Podium d'Europe 1.
Retour au théâtre Marigny pour cent nouvelles représentations.
Les Numéro 1 du rire, de Maritie et Gilbert Carpentier.
Double 33 tours : *Le Luron à Marigny : de De Gaulle à Mitterrand.*

1984

Tournée Karsenty, quatre-vingt-cinq villes.
Vidéocassette *Les interdits politiques de Thierry Le Luron*, extraits du spectacle De De Gaulle à Mitterrand à Marigny.

Film *Les parents ne sont pas simples cette année*, où il tient son propre rôle.
Invité d'honneur du Grand Jury RTL-Le Monde.
Tournée en Afrique francophone.
Est l'un des sept témoins du septième mariage d'Eddie Barclay.
Tournée au Québec.
Tournée d'été sur le Podium d'Europe 1.
Anime sur RTL *Les fausses conférences de presse* le samedi de 12 à 13 heures.
Fête ses quinze ans de carrière au Carnegie Hall de New York.
45 tours *Le Smurf politic.*
Garde à vue au commissariat du 5e arrondissement alors qu'il se promène rue de Bièvre déguisé en Adolf Benito Glandu.
Naissance officielle du personnage de Glandu dans l'émission *Champs-Élysées* de Michel Drucker.
Théâtre du Gymnase : spectacle *Le Luron en liberté*, avec Bernard Mabille.
Assiste au trente-cinquième congrès de la LICRA (Ligue contre le racisme et l'antisémitisme).
Représentation au théâtre du Gymnase au profit de S.O.S. Drogue international et Toxicomanie et prévention jeunesse.
Censuré dans l'émission *Horoscope 85*, présentée par Patrick Sabatier. Écrit à François Mitterrand une lettre au vitriol.

1985

L'administration des impôts lui annonce un redressement fiscal.
33 tours *Le Luron interdit.*
Reçoit son onzième disque d'or.
Tournée d'un mois en province.
« Épouse » Coluche à Montmartre « pour le meilleur et pour le rire ».
Tient dans *France-Soir* une chronique : *La semaine de Monsieur Glandu.*
Apporte son soutien à Line Renaud lors d'un gala au profit de sa fondation contre le sida, en présence d'Elizabeth Taylor.
Invité d'honneur de *Direct*, l'émission de Philippe Gildas sur Canal+.
Interruption de son spectacle au théâtre du Gymnase, hospitalisation à l'hôpital Lariboisière.
Double 33 tours et vidéocassette *Le triomphe de Thierry Le Luron au théâtre du Gymnase.*

1986

Reprise pour un mois et demi de son spectacle au théâtre du Gymnase.
Publie dans le *Figaro magazine* une lettre ouverte au Parti socialiste, illustrée par une photo où il apparaît tenant un bâton de dynamite à la main.
Annonce par téléphone son retour sur scène lors du *Jeu de la vérité* consacré à Alice Sapritch.
Gala à Garches le soir de la mort de Coluche.
Gala au profit de la Ligue contre le cancer à Villefranche-sur-Mer. Il entre sur scène en lançant : « Le mourant vous embrasse ! ».
Provoque l'hilarité générale lors d'une soirée réunissant Eddie Barclay et ses amis au restaurant de l'hôtel *Byblos*, à Saint-Tropez.
Donne quelques rares galas et prévoit de faire sa rentrée en octobre au Palais des Congrès de Paris.
Le professeur Schwartzenberg annonce que Thierry Le Luron, « souffrant d'un cancer des voies respiratoires, subit un traitement qui l'empêche actuellement d'honorer ses engagements ».
Il rédige des lettres à l'intention de sa famille et de ses amis.
Thierry Le Luron décède le 13 novembre 1986 à la clinique du Belvédère de Boulogne-sur-Seine.

CIBLES FAVORITES
de Thierry Le Luron

LES CHANTEURS

Salvatore Adamo
Richard Anthony
Charles Aznavour
Barbara
Alain Barrière
Guy Béart
Gilbert Bécaud
Mike Brant
Jacques Brel
Alain Chamfort
Robert Charlebois
Maurice Chevalier
Philippe Clay
Julien Clerc
Les Compagnons de la Chanson
Nicole Croisille
Dalida
André Dassary
Joe Dassin
Sacha Distel
Jacques Dutronc
Jean Ferrat
Léo Ferré
Claude François
Michel Fugain
France Gall
Chantal Goya
Zizi Jeanmaire
Patrick Juvet
Marie Laforêt
Serge Lama
Jack Lantier
Georgette Lemaire
Gérard Lenorman
Enrico Macias
Luis Mariano
Mireille Mathieu
Marcel Merkès
Paulette Merval
Mireille
Eddy Mitchell
Yves Montand
Dario Moreno
Mouloudji
Georges Moustaki
Claude Nougaro
Plastic Bertrand
Michel Polnareff
Elvis Presley
Régine
Serge Reggiani
Line Renaud
Renaud
Ringo
Dick Rivers
Tino Rossi
Demis Roussos
Jean Sablon
Henri Salvador
Michel Sardou
Chantal Goya
Juliette Gréco
Georges Guétary
Daniel Guichard
Françoise Hardy
Johnny Hallyday
Julio Iglesias
Mort Shuman
Claude-Michel Schönberg
Frank Sinatra
Charles Trenet
Gilles Vigneault
Marcel Zanini
Rika Zaraï

LES POLITICIENS

Raymond Barre
Jacques Chaban-Delmas
Jacques Chirac
Gaston Defferre
Charles de Gaulle
Valéry Giscard d'Estaing
Laurent Fabius
Edgar Faure
Jean-Marie Le Pen
Georges Marchais
François Mitterrand
Georges Pompidou

LES GENS DES MÉDIAS

Philippe Bouvard
François Chalais
Denise Fabre
Guy Lux
Jean Nohain
Patrick Sabatier

LES COMIQUES

Bourvil
Coluche
Darry Cowl
Louis de Funès
Raymond Devos

LES « INCLASSABLES »

Salvador Dali
Manouche
François Mauriac
Paul VI
Alice Sapritch

20 mai 1974
RTL Non stop
de Philippe Bouvard
(Grand studio RTL)
À droite : Nicolas de Angelis

21 mai 1976
TV *Dix de der*
de Philippe Bouvard
(Studio 102 - Maison de la Radio)

3 juin 1976
Système 2 - Ring Parade
de Guy Lux
(Studio 102 - Maison de la Radio)

14 juin 1976
Le Pop Club
de José Artur
(Bar noir - Maison de la Radio)
Présentation de son spectacle aux Tuileries

21 mai 1976
Dix de der
de Philippe Bouvard
(Studio 102 - Maison de la Radio)
Thierry Le Luron, Johnny Hallyday et Alice Sapritch

13 février 1978
Le Pop Club
de José Artur
(Bar noir - Maison de la Radio)

24 octobre 1979
Les Jardins de Beaubourg
de José Artur (Bistrot Beaubourg)
Thierry Le Luron, José Artur et Pierre Perret

BIBLIOGRAPHIE

RADIO/TÉLÉVISION
Les Grandes Gueules, RMC
J'aime ce que vous faites, RTL
Sept à huit, TF1

PRESSE
Ciné Revue
Femme actuelle
Le Figaro magazine
France-Soir
Jours de France
Le Point
Libération
Le Monde
Paris Match
Playboy
Le Soir Illustré
Télépoche
VSD

LIVRES
Pascal Djemaa avec la collaboration de Jacques Collard, *Mémoire de Thierry Le Luron,* Autres Temps, 2006.
Thierry Le Luron et Guy Monréal, *Comme trois pommes,* Flammarion, 1978.
Bernard Mabille, *Il m'appelait Maboule...,* Seghers, 1987.
Jean-Pierre Mogui, *Thierry le Luron – Vedette à la une,* Saint-Germain-des-Prés, 1971.
Bernard Moncel, *Thierry Le Luron, l'inimitable imitateur,* Édition n°1, 1994.
Jacques Pessis, *La France de Thierry Le Luron,* SW Télémaque, 2006.

SITES
www.dameelizabethtaylor.com
www.linerenaud.com
perros.skyblog.com
www.sidaction.org
www.thierryleluron.net
wikipedia.org

TABLE DES MATIÈRES

P.4 PRÉFACE_ JEAN-JACQUES DEBOUT
P.7 AVANT-PROPOS_ ALAIN-GUY AKNIN
P.9 AVANT-PROPOS_ STÉPHANE LOISY

P.13 Les trottoirs du 13e I
P.25 Colorado, doux berceau des chimères… II
P.39 Un jour, à Perros-Guirec III
P.53 Le jeu de la chance IV
P.65 Le triomphe, déjà V
P.79 La folie des grandeurs VI
P.91 La solitude de l'avenue Montaigne VII
P.105 Adolf Benito Glandu VIII
P.119 La maladie sans nom IX
P.135 Un courage exemplaire X

P.149 DISCOGRAPHIE_
P.156 VIDÉOGRAPHIE_
P.157 FILMOGRAPHIE_
P.158 EN BREF_
P.162 CIBLES FAVORITES_

DES MÊMES AUTEURS

avec Stéphane Loisy
Albert et Charlene, mariage princier à Monaco, Didier Carpentier, 2011.
Mort Shuman, le géant de porcelaine, Didier Carpentier, 2011.

Alain-Guy Aknin
Claude François, un chanteur populaire, Alphée/Jean-Paul Bertrand, 2008.
Mike Brant, le chant du désespoir, Alphée/Jean-Paul Bertrand, 2010.
Joe Dassin, les débordements de la mélancolie, Alphée/Jean-Paul Bertrand, 2010.

avec Philippe Crocq
Étienne Roda-Gil, le maître enchanteur, Flammarion, 2005.
Joe Dassin, le triomphe et le tourment, Le Rocher, 2005.
Il était une fois Claude François, La Lagune, 2006.
Yves Montand, le temps n'efface rien, Albin Michel, 2006.
Le cinéma de Serge Gainsbourg, Affirmatif ! Le Rocher, 2007.
Julien Clerc, le pas discret du patineur, Le Rocher, 2007.

sous le nom de plume Alain Perceval
Grégory, le petit prince au destin brisé, Alphée/Jean-Paul Bertrand, 2007.
Carla et Nicolas, les mariés de l'Élysée, Alphée/Jean-Paul Bertrand, 2008.

avec Maître Gilbert Collard
L'Arche de Zoé, une étrange affaire, Alphée/Jean-Paul Bertrand, 2009.

Stéphane Loisy
avec Pierre Mikaïloff et Jean-Éric Perrin
Jacno, l'amoureux solitaire,
Didier Carpentier, 2011.

REMERCIEMENTS

Jean-Jacques Debout

CRÉDIT PHOTO

1re DE COUVERTURE : Picot/Stills/Gamma

PAGES 164 À 169 : Philippe Schroeder

CAHIER COULEURS
pages I - V - VI : Picot/Stills/Gamma
pages II - VIII : Pool/Gamma
page VII : Keystone-France
pages III - IV : Philippe Schroeder

DANS LA MÊME COLLECTION
aux Éditions Didier Carpentier

Alain Wodrascka
Barbara
Parfums de femme en noir

Alain Wodrascka
Johnny Hallyday
Le Phénix

Alain Wodrascka
Francis Cabrel
Question d'équilibre

Alain Wodrascka
MARIE LAFORÊT

Sophie MARCEAU
La belle échappée

France GALL
Muse et musicienne

Michel
Benjamin HALAY
Petrucciani

MORT SHUMAN
Le géant de porcelaine

Frédéric Quinonero
Édith Piaf
Le temps d'illuminer…

Alain Wodrascka
JACQUES BREL
Voyage au bout du rêve

LUIS MARIANO
Le prince

Albert et Charlene
Mariage princier à Monaco

Christian Dureau
CHARLES AZNAVOUR
Le comédien, le musicien, le magicien

ANNIE CORDY
Salut l'artiste !

SILVIA MONFORT
Vivre debout

Vous venez d'acquérir cet ouvrage et nous vous en remercions vivement.
Pour obtenir notre catalogue général gratuit, demandez-le à votre libraire ou écrivez-nous :

Éditions Didier CARPENTIER 90 rue d'Amsterdam 75009 PARIS
***Tél.* 01 48 78 00 72 *Fax.* 01 48 78 86 25**
***E-mail :* editions@editions-carpentier.fr *Site :* www.editions-carpentier.fr**

ISBN 13 : 978-2-84167-730-6